野菜をまるごと食べつくす

皮や茎まで
おいしく食べきる
おかずと常備菜
102

伯母直美

とれたても、半端野菜も、皮や茎だって。
季節の野菜は、それだけでとびきりのごちそうです。

大きな畑のあるこの家に嫁いで24年。
結婚前は畑仕事なんてしたことのなかった私ですが、土に触れ、
風や音、においに季節の移ろいを感じ、収穫の喜びを知るようになりました。
畑では春夏秋冬、本当にたくさんの野菜が収穫できます。
そのうえ、近所の農家さんからおすそ分けをいただくこともあるので、
自然と飽きずにおいしく使いきる工夫を凝らすようになりました。

この本では、「野菜をまるごと、おいしく食べつくす」ための
わが家の小さな工夫をすべてお見せしています。
ご紹介している料理も、繰り返し作り続けているわが家の定番ばかり。
野菜をもりもり食べたいから、味つけは濃くしすぎず、控えめに。
旬の野菜は、そのままでも十分なほどの甘みやうまみがあるんです。

はじめて『野菜を使いきる。』を出版した9年前と比べて、
食品ロス問題はニュースでも頻繁に取り上げられるようになりました。
日本では、食品ロスの半分近くが家庭から出ています。
食べきれず残してしまったり、手つかずのまま傷んで捨ててしまったり、
調理の際に食べられる部分まで除去してしまったり……。
4人家族から発生する食品ロスは、年間6万円にも及ぶといわれています。
食費の節約は、家計を守る主婦にとって永遠のテーマ。
食材を捨てずに使いきることは、家計のムダをなくすだけでなく、
環境にもやさしく、よい循環につながります。

とはいえ、難しく考えずに、できることから少しずつ！
おいしく、楽しく野菜を使いきるためのヒントを、この本で見つけてみてください。

伯母直美

Contents

2 __ はじめに

第一章
野菜をたっぷり食べる日々おかず

魚焼きグリルで焼く。
11 __ 基本の焼き野菜
　　　　◎ 焼き野菜のレモンじょうゆだれ
12 __ 焼き野菜カレー
13 __ 野菜の塩こうじドリア

魚焼きグリルで簡単副菜。
14 __ じゃがいものにんにくホイル焼き
14 __ 焼き大根のポン酢あえ
15 __ 焼きれんこんの肉みそがけ
15 __ 焼き長ねぎのしょうがじょうゆ

フライパンで焼く、炒める。
17 __ 基本の野菜炒め
　　　　◎ 野菜と豚肉のしょうが炒め

残り野菜を一掃！
18 __ 野菜たっぷり餃子
19 __ なす、ピーマン、セロリのみそ炒め
19 __ 野菜と豆腐のチャンプルー

この野菜も炒めるとおいしい！
20 __ きゅうりとひき肉のナンプラー炒め
21 __ トマトと厚揚げのバジル炒め
21 __ レタスのオイスター炒め

オイル蒸しにする。
23 __ 基本のオイル蒸し
　　　　◎ カポナータ風
24 __ なすとトマトのミルフィーユ
24 __ カリフラワーのアンチョビーオイル蒸し
25 __ キャベツとミニトマトのオイル蒸し

揚げる。
27 __ 基本の揚げもの
　　　　◎ 野菜のかき揚げ
28 __ 野菜の揚げ春巻き
29 __ 野菜のごま天ぷら
29 __ なすとかぼちゃの揚げびたし

重ね煮する。
31 __ 基本の重ね煮① ◎ 薄切り野菜の重ね煮
　　　　➡ みそ汁に／混ぜごはんに／あえものに
32 __ 基本の重ね煮② ◎ 角切り野菜の重ね煮
　　　　➡ サラダに／ミルクスープに
　　　　　／簡単キッシュ風に

第二章
冷蔵庫にあるとうれしい野菜の常備菜

鍋におまかせ！野菜の煮もの。
34 __ 豚バラと白菜の重ね煮
35 __ 筑前煮

ゆでる。
37 __ 基本のゆで方① ◎ ほうれん草をゆでる。
　　　➡青菜のおひたし／青菜のごまあえ
38 __ 基本のゆで方② ◎ さつまいもをゆでる。
　　　➡さつまいもの白あえ
39 __ 基本のゆで方③ ◎ ブロッコリーをゆでる。
　　　➡ブロッコリーと卵のサラダ

気軽な作りおきサラダ。
45 __ 基本の作りおきサラダ
　　　◎ にんじんラペ
46 __ かぶとレモンの塩昆布サラダ
46 __ きゅうりの一本漬け
47 __ コールスローサラダ
47 __ パプリカとセロリのマリネサラダ

火を通して保存性を高める。
48 __ なめたけ
49 __ きのこのマリネ
50 __ 新じゃがの照り煮
50 __ じゃがいものカレーそぼろ
51 __ かぼちゃ煮
51 __ かぼちゃサラダ
52 __ 大根とにんじんのきんぴら
52 __ ごぼうのごまあえ
53 __ ごぼうの甘酢だれ
54 __ 簡単ラタトゥイユ
55 __ なすの煮もの
55 __ セロリのじゃこ炒め
56 __ キャベツの粒マスタードあえ
56 __ 白菜と油揚げのさっと煮
57 __ 三色ナムル

第三章
野菜でおかずの素＆保存食を作る

ソフリットに。
62 ＿ 基本のソフリット
　　　➡卵スープに／バターライスに／
　　　　ミートソーススパゲッティに

ソテーに。
64 ＿ 基本の玉ねぎソテー
65 ＿ しいたけソテー
65 ＿ 長ねぎソテー

すりおろし、ペーストに。
66 ＿ れんこんのすりおろし　➡シチューのルーに
66 ＿ 長いものすりおろし　➡ホワイトソースに
67 ＿ かぶのペースト　➡ポタージュに
67 ＿ ブロッコリーのペースト　➡あえごろもに
67 ＿ トマトのペースト　➡冷やし中華のたれに

たれ、ドレッシングに。
68 ＿ ラビゴットソース
68 ＿ 山形だし
68 ＿ ジェノバソース
69 ＿ にんにくのしょうゆ漬け
69 ＿ にらのしょうゆ漬け
69 ＿ きゅうり酢
69 ＿ ねぎレモンだれ

干し野菜に。
70 ＿ 基本の半干し／基本の完干し

干し野菜のおいしい食べ方
72 ＿ 皮つきポテトフライ
72 ＿ ドライトマトのパスタ
72 ＿ ハリハリ漬け
73 ＿ 干し野菜のけんちん汁
73 ＿ 干し野菜のアーリオ・オーリオ
73 ＿ メンマ

漬けものに。
74 ＿ 浅漬けに ◎ なすとしょうがの浅漬け
　　　／白菜とにんじんの浅漬け
75 ＿ ぬか漬けに
　　　➡ぬか漬けのおろしあえ
76 ＿ みそ漬けに
76 ＿ 甘酢漬けに
　　　➡混ぜずし
77 ＿ ピクルスに
77 ＿ キムチに

第四章
皮や茎も使いきる

野菜ブロスを作る。

80 __ 野菜ブロス
　　　➡野菜ブロスのシンプルスープ／
　　　　ブロスごはんおにぎり／スープパスタ

捨てるところナシ！
野菜くずで絶品おつまみ

82 __ かぶの葉のごまあえ
82 __ 大根の葉炒め
83 __ セロリの葉の天ぷら
83 __ ブロッコリーの茎きんぴら
84 __ 野菜の皮チップス
84 __ 野菜の皮ふりかけ
85 __ 野菜の皮漬け
85 __ しいたけの軸の佃煮

Column
40 __ 野菜をムダにしない洗い方
41 __ 野菜をムダにしない切り方
58 __ 野菜の保存法
86 __ 野菜の使いきりQ&A

この本の決まり
・小さじ1は5ml、大さじ1は15ml、1カップは200mlです。
・電子レンジの加熱時間は600Wのものを目安にしています。500Wの場合は1.2倍の加熱時間を目安にしてください。なお、機種や使用年数などによって異なる場合がありますので、様子を見ながら加減してください。
・「塩」は精製されていないもの、「だし汁」はかつお昆布だしを使用しました。
・「野菜ブロス」（→p.80）は、なければコンソメスープ（湯1カップに固形スープの素1/2個を溶いたもの）でも代用できます。

第一章 野菜をたっぷり食べる日々おかず

まずは、毎日のごはん作りに役立つ野菜のおかずをご紹介しましょう。焼いたり、炒めたり、蒸し煮にしたり、さっとゆでたり……。火を通すことで野菜のおいしさを引き出しつつ、かさも減らせるから、たっぷり食べられます。半端に残った野菜を上手に使いきるアイデアも満載ですよ。

魚焼きグリルで焼く。

うまみを濃縮

まずは魚焼きグリルでシンプルに焼いて、野菜本来のおいしさを堪能してみてください。調味料もごく控えめに。火を通すことで濃縮するうまみを逃さないよう、野菜は皮つきのまま使いましょう。皮のパリッとした歯ごたえもごちそうです。

◎ 基本の焼き野菜

焼き野菜の
レモンじょうゆだれ

野菜はお好きなもので OK！
火の通りが均一になるように、
大きさをそろえて切ることだけ注意して。
こんがり色よく焼き上げましょう。

材料（2人分）
れんこん ＝ 1/5 節
かぶ ＝ 2 個
玉ねぎ ＝ 1/2 個
かぼちゃ ＝ 1/8 個
しいたけ ＝ 2 枚
ピーマン ＝ 2 個
しょうゆ・レモン ＝ 各適量

1 野菜を切る

れんこんは皮ごと半月切りにする。かぶと玉ねぎはくし形に切る。かぼちゃは食べやすくスライスする。しいたけは石づきを除く。ピーマンはまるごと使う。

2 網に野菜を並べる

網の奥にかぼちゃ、れんこんなど火の通りにくい野菜を、手前に火の通りやすい野菜を並べ、魚焼きグリルで焼く。

3 ひっくり返す

野菜の片面がこんがりと焼けたら、ひっくり返して反対の面も焼く。

4 ホイルをかぶせる

焦げそうな野菜は、アルミホイルをかぶせて焼く。すべての野菜が焼けたら器に盛り、レモンとしょうゆをかけて食べる。

焼き野菜カレー

野菜は大きく切ってダイナミックに。
季節の野菜をたっぷり食べましょう。

材料（4人分）
さつまいも ＝ 1/2 本
キャベツ ＝ 1/8 個
にんじん ＝ 1/2 本
エリンギ ＝ 2 本
オクラ ＝ 12 本
オリーブオイル ＝ 大さじ 1
野菜ブロス(p.80) ＝ 3 カップ
カレールー（市販）＝ 80g
ごはん ＝ 適量

作り方
1 さつまいもは皮ごと輪切りにし、水にさらす。キャベツは芯をつけたまま大きなくし形切りに、にんじんとエリンギは食べやすく切る。オクラはガクを除く。
2 1の野菜を網に並べ、オリーブオイルをかけ、魚焼きグリルでこんがりと焼く。
3 鍋に野菜ブロスを入れて温め、カレールーを加えて煮溶かす。
4 2の焼き野菜を器に盛り、3のカレーを注ぐ。ごはんを添える。

Point
根菜は皮ごと焼いた方がおいしいうえ、皮の近くに栄養があるので、たわしできれいに洗い、皮をむかずに使うこと。

野菜の塩こうじドリア

塩こうじのシンプルな味わいで
野菜のうまみを引き出します。

材料（2人分）
なす ＝ 1本
ズッキーニ（緑・黄）
　＝ 各1/4本
パプリカ ＝ 1/8個
ミニトマト ＝ 4個
塩こうじ ＝ 大さじ1～2
オリーブオイル ＝ 適量
ごはん ＝ 茶碗2杯分
とろけるチーズ ＝ 適量

作り方
1 なすは斜め切りに、ズッキーニは3cm長さのくし形切りに、パプリカは短冊切りにする。
2 ボウルに1の野菜とミニトマトを入れ、塩こうじを加えて混ぜる。
3 耐熱容器にオリーブオイルを塗ってごはんを広げ、その上に2の野菜を並べる。チーズをかけ、魚焼きグリルで5分ほど焼き、こんがり焼き色をつける。

Point
野菜は重ならないように、ごはんの上に彩りよく並べる。焼いている途中、焦げそうならホイルをかぶせて。

魚焼きグリルで簡単副菜。

野菜をグリルで焼くだけで、パパッと副菜ができ上がり。じゃがいも、大根、れんこん、長ねぎ以外の野菜でも、同じ味つけでおいしくできます。焼き方については、「基本の焼き野菜」(p.11)を参考に。台所にある、早く食べきりたい野菜でぜひ試してみてください。

じゃがいもの にんにくホイル焼き

にんにくの香りで食がすすむ！
子どものおやつにもぴったり。

材料(2人分)
じゃがいも ＝ 2個
にんにく ＝ 1かけ
塩・こしょう ＝ 各少々
オリーブオイル ＝ 適量
イタリアンパセリ（あれば）
　　　　　　 ＝ 少々

作り方
1 じゃがいもはよく洗って皮ごと使い、切り落とさないよう2〜3mm間隔で深い切り目を入れる。にんにくは薄切りにする。
2 アルミホイルの上に1のじゃがいもをのせ、切り目ににんにくをはさみ、塩、こしょうをふる。オリーブオイルをかけ、ホイルの口を閉じて密閉する。
3 2を魚焼きグリルで10分ほど焼く。アルミホイルの口を開け、さらに2〜3分焼いてこんがりと焼き色をつける。器に盛り、イタリアンパセリを飾る。

Point
じゃがいもの切り目に、にんにくを詰める。このすき間にオリーブオイルが入り、風味豊かに仕上がる。

焼き大根のポン酢あえ

焦げ目がつくほどじっくり焼いて。
かぶでもおいしくできます。

材料(2人分)
大根 ＝ 1/6本
大根の葉 ＝ 40g
ポン酢しょうゆ
　　 ＝ 適量

作り方
1 大根は皮ごといちょう切りにする。
2 魚焼きグリルの網の奥に大根を並べる。手前にアルミホイルをしき、大根の葉をのせる。途中返して、少し焦げ目がつくまで4〜5分焼く。
3 2の大根の葉を小口切りにし、大根とともにボウルに入れる。ポン酢を加え、ざっくりとあえる。

焼きれんこんの肉みそがけ

れんこんの滋味深い味わいが
肉みそとぴったり合います。

材料(4人分)
れんこん ＝ 1節
豚ひき肉 ＝ 100g
長ねぎ ＝ 1/2本
しょうが ＝ 1/2かけ
A ｛ みそ ＝ 大さじ2
　　酒 ＝ 大さじ2
　　みりん ＝ 大さじ1
　　砂糖 ＝ 小さじ2
ごま油 ＝ 小さじ1
糸唐辛子（あれば）＝ 少々

作り方
1 れんこんは皮ごと輪切りにし、水にさらして水けをきる。長ねぎとしょうがはみじん切りにする。
2 鍋にごま油を熱し、**1**の長ねぎとしょうがを弱火で炒め、香りが立ったらひき肉を入れて、中火で炒める。
3 **2**にAを加えてひと煮立ちさせ、肉みそを作る。
4 **1**のれんこんを魚焼きグリルで少し焦げ目がつくまで両面焼く。器に盛り、肉みそをかけて糸唐辛子をのせる。

焼き長ねぎのしょうがじょうゆ

辛みのある長ねぎも、
焼くとぐっと甘みが出てきます。

材料(2人分)
長ねぎ ＝ 4本
おろししょうが
　＝ 小さじ2
しょうゆ ＝ 適量

Point
長ねぎを魚焼きグリルで焼くときは、回転させながら全体に焼き目をつけていく。

作り方
1 長ねぎは、魚焼きグリルに入る長さに切る。
2 魚焼きグリルの網に、長ねぎの青い部分を手前にしておく。途中回転させながら、少し焦げ目がつくまで焼く。
3 **2**の長ねぎを3cm長さに切り、器に盛る。しょうがじょうゆで食べる。

フライパンで焼く、炒める。

野菜でかさ増し

まるごと買ったり、大袋で買う方が安くておいしいキャベツやにら、もやしなど。でも、いたみやすいだけに、早く使いきりたいもの。焼いたり、炒めたりしてかさを減らし、一気に使っていきましょう。野菜でかさ増しした分、肉を減らしてもボリューム満点のおかずになります。

野菜と豚肉のしょうが炒め

◎ 基本の野菜炒め

火の通りにくい野菜から順番に、手早く炒めることがポイント。
水けが出やすいもやしは最後に加え、でき上がったらすぐいただきましょう。

材料（2人分）
キャベツ ＝ 1/3個
玉ねぎ ＝ 1個
にんじん ＝ 1/4本
ピーマン ＝ 1個
もやし ＝ 1/2袋
豚こま肉 ＝ 80g
A ┃ しょうゆ ＝ 大さじ1と1/2
　 ┃ はちみつ ＝ 大さじ1
　 ┃ おろししょうが ＝ 小さじ2
　 ┃ 酒 ＝ 小さじ2
サラダ油 ＝ 適量

1 野菜を切る

キャベツはざく切りに、玉ねぎは1cm幅のくし形切りにする。にんじんは短冊切りに、ピーマンは1cm幅に切る。もやしは水にさらして水けをきっておく。

2 肉を炒める

フライパンに油を熱し、豚肉を中火で炒める。全体に肉の色が変わるまで、よく炒めて。

3 野菜を炒める

火の通りにくい野菜から炒める。にんじん、玉ねぎ、キャベツ、ピーマンの順に加える。

4 最後にもやしを炒める

水けが出やすいもやしは、最後に加えて手早く炒める。

5 合わせ調味料を加える

あらかじめ合わせておいたAの調味料を、仕上げに加えてざっくりと混ぜたらでき上がり。

かさ増しはこんな野菜でも

豚肉のしょうが焼きに、キャベツ、玉ねぎ、にんじんはもちろん、もやしを加えることでかさ増しになり、肉が少量でも満足できるボリュームおかずに。ほかにも、チンゲン菜、白菜、小松菜、きのこなどの野菜がかさ増しに使える。

残り野菜を一掃！

野菜炒めのほか、餃子、みそ炒め、チャンプルーなども、野菜をたっぷり使えるヘルシーメニュー。野菜のボリュームのおかげで、食べごたえも満点です。冷蔵庫に半端に残っている野菜たちを、一気に使いきることができるので、買い物前の在庫整理にお役立てください。

野菜たっぷり餃子に

細かく刻んだキャベツやにらに塩をふり、ぐっとかさを減らして餃子のタネに。
みじん切りにすれば他の野菜も入れて OK！

材料（20〜25個分）

- キャベツ ＝ 1/5 個
- にら ＝ 1/2 束
- 豚ひき肉 ＝ 80g
- A
  - しょうゆ ＝ 大さじ 1
  - ごま油 ＝ 小さじ 2
  - おろししょうが ＝ 小さじ 1
  - 塩 ＝ 小さじ 1/2
  - こしょう ＝ 少々
  - 片栗粉 ＝ 大さじ 1
- 餃子の皮 ＝ 1 袋（20〜25 枚）
- サラダ油 ＝ 少々
- ごま油 ＝ 大さじ 1/2

作り方

1. キャベツとにらはみじん切りにする。ボウルに入れ、塩少々（分量外）をふってしばらくおき、水けをしぼる。
2. 別のボウルにひき肉と A を入れ、ねばりが出るまでよく混ぜる。さらに 1 を加えて混ぜ、餃子の皮で等分に包む。
3. フライパンに油を熱し、餃子を並べ入れる。焼き色がついたら熱湯 1/2 カップを加え、ふたをして中火で蒸し焼きにする。
4. 水分がなくなったらごま油をまわし入れ、焦げ目がつくまで焼く。

Point
野菜をたっぷり入れることで、ひき肉の量が少なくてもボリューム満点。キャベツやにらのほか、白菜や長ねぎなど、残っている野菜を活用して。

なす、ピーマン、セロリのみそ炒めに

ごろごろ大きく切った野菜に
甘辛いみそ味をよ〜くからめます。
多めの油がおいしさの秘訣。

材料 (4人分)
なす ＝ 3本
ピーマン ＝ 2個
セロリ ＝ 1/2本
サラダ油 ＝ 大さじ1
A { みそ ＝ 大さじ1
　　酒 ＝ 大さじ2
　　砂糖 ＝ 大さじ1
ごま油 ＝ 小さじ1

作り方
1 なす、ピーマン、セロリは乱切りにする。
2 フライパンに油を熱し、なすとセロリを中火で炒める。なすに油がまわったら、ピーマンを加えてさっと炒める。
3 混ぜ合わせたAを加え、炒め合わせる。仕上げにごま油をまわしかける。

Point
なすを炒めるときは、やや油を多めにすると色鮮やかにおいしく仕上がる。全体によくなじませながら、手早く炒めて。

野菜と豆腐のチャンプルーに

野菜と豆腐と卵を炒め合わせる
おなじみのチャンプルー。
栄養バランスのいいおかずです。

材料 (2人分)
小松菜 ＝ 1/2束
玉ねぎ ＝ 1個
にんじん ＝ 1/5本
木綿豆腐 ＝ 1/2丁
溶き卵 ＝ 1個分
しょうゆ ＝ 大さじ1
塩・こしょう ＝ 各少々
サラダ油 ＝ 適量
削り節 ＝ 適量

作り方
1 豆腐は水きりし、縦半分に切って1cm幅に切る。小松菜は3cm長さに切り、玉ねぎは1cm幅のくし形切りに、にんじんは短冊切りにする。
2 フライパンに油を熱して溶き卵を入れ、スクランブルエッグを作ってとり出す。油を足し、1の豆腐の両面を焼いていったんとり出す。
3 油を足して熱し、にんじん、玉ねぎの順に入れて中火で炒め、豆腐と卵を戻し入れる。小松菜を加えて炒め、しょうゆ、塩、こしょうで味を調える。火を止め、削り節を加えてざっくり混ぜる。

この野菜も炒めるとおいしい！

きゅうりやトマトやレタスなど、生で食べるしかないと思っていたこれらの野菜も、実は炒めるとおいしいんです。あと1品欲しいときの副菜に、ちょっとしたおつまみおかずとしても活躍します。これらの野菜は炒めると水けが出てくるので、あつあつのうちに食べきってください。

きゅうりとひき肉のナンプラー炒め

ナンプラーの塩けとひき肉のうまみがきゅうりにからんで美味！
ごはんやビールがすすむ味です。

材料（2人分）
きゅうり ＝ 2本
豚ひき肉 ＝ 50g
にんにく（つぶす）＝ 1かけ
ナンプラー ＝ 小さじ2
塩・こしょう ＝ 各少々
サラダ油 ＝ 小さじ2

作り方
1 きゅうりはめん棒などでたたき、ひと口大にする。
2 フライパンに油とにんにくを入れて弱火にかけ、香りが立ったら強火にし、ひき肉を加えて炒める。
3 ひき肉の色が変わったら1を加えて炒め合わせる。ナンプラーと塩、こしょうで調味する。

Point
きゅうりをめん棒でたたいたとき、大きい場合は手で割ってもいい。表面がギザギザになっている方が、味のからみはよくなる。

トマトと厚揚げのバジル炒め

トマトの酸味がソースがわり。
強火でパパッと炒めるだけで完成！

材料（2人分）
トマト ＝ 2個
厚揚げ ＝ 1個
にんにく（つぶす）
　＝ 1かけ
バジル ＝ 4枚
塩・こしょう ＝ 各少々
オリーブオイル ＝ 適量

作り方
1 トマトは1cm幅の輪切りにする。厚揚げは、縦半分に切ってから1cm幅に切る。
2 フライパンにオリーブオイルを熱し、厚揚げを両面焼いていったんとり出す。
3 フライパンにオリーブオイルとにんにくを入れて弱火にかける。香りが立ったら強火にし、トマトをさっと炒める。厚揚げとバジルを加え、塩、こしょうで味を調える。

レタスのオイスター炒め

炒めるとかさが減るので
まるごとレタスも、もりもりいけます。

材料（2人分）
レタス ＝ 1個
しょうが ＝ 1/2かけ
にんにく ＝ 1かけ
オイスターソース
　＝ 小さじ2
サラダ油 ＝ 小さじ2

作り方
1 レタスは大きなざく切りに、しょうがとにんにくはせん切りにする。
2 フライパンに油としょうが、にんにくを弱火で熱し、香りが立ったらレタスを加えて強火で炒める。しんなりしたらオイスターソースを加え、全体にからませる。

逆に、火を通していたけど生でも食べられる野菜は？

春菊、もやし、サラダほうれん草、白菜、水なす、パプリカ、ズッキーニなどが、生でも食べられる。ちなみにアメリカでは、マッシュルームやブロッコリー、カリフラワーなどまで、ディップをつけてサラダ感覚で生食されている。

オイル蒸しにする。

野菜が主役のもてなしおかず

彩りのいいおかずにもなり、ソースやつけ合わせにもなる「カポナータ風」をはじめ、油のおかげで野菜が色鮮やかに仕上がるオイル蒸しは、おもてなし料理にもぴったりです。ハーブやにんにく、アンチョビーなどを活用して、うまみもたっぷり、香りよく仕上げましょう。

カポナータ風

なすやズッキーニ、パプリカなどの夏野菜に、たっぷりオイルをかけて蒸し焼きに。
野菜のおいしさとハーブの香りが、ふたの中に封じ込められます。

材料 (2人分)
なす ＝ 1本
ズッキーニ ＝ 1本
パプリカ(赤・黄) ＝ 各1/4個
玉ねぎ ＝ 1/2個
にんにく(つぶす) ＝ 1かけ
オリーブオイル ＝ 大さじ2
酢 ＝ 大さじ1
ハーブ(＊) ＝ 適量
塩 ＝ 小さじ1/3
こしょう ＝ 少々

＊ハーブは、ローズマリー、バジル、タイムなどお好みのものを。

◎基本のオイル蒸し

1 野菜を切る

野菜はすべて、大きさをそろえて1cm角に切る。

2 にんにくオイルを作る

フライパンににんにくとオリーブオイルを入れ、弱火にかける。

3 野菜を炒める

にんにくの香りが立ったら強火にし、1の野菜を加え、全体にオリーブオイルがまわるように炒める。

4 オイルを足す

酢と好みのハーブを入れ、オリーブオイル適量(分量外)をまわしかける。

5 オイル蒸しにする

ふたをして中火で3分ほど蒸す。全体をざっくりと混ぜ、塩、こしょうで調味する。

オイルをかけて冷蔵保存を

そのまま食べてもおいしく、パスタの具や肉や魚のソースにも活躍する。多めに作ったときは、オイルをかけて冷蔵すると、3〜4日保存可能。

なすとトマトのミルフィーユ

なすとトマトの間からつなぎのチーズがとろり。
見た目もきれいなミルフィーユになります。

材料(2人分)
なす ＝ 2本
トマト ＝ 中2個
とろけるチーズ ＝ 適量
バジル ＝ 適量
オリーブオイル ＝ 適量

作り方
1 なすとトマトは1cm厚さの輪切りにする。
2 フライパンになす、チーズ、トマト、バジルの順に2段重ね、最後になすとチーズをのせる。同様に6〜7個作る。
3 オリーブオイルをまわしかけ、ふたをしてなすがやわらかくなるまで中火で蒸し焼きにする。器に盛り、バジルをのせる。

Point
バランスよく重ねるために、なすとトマトは同じくらいの大きさのもので。とろけるチーズがつなぎのすべり止めに。

カリフラワーの アンチョビーオイル蒸し

アンチョビーの味だけで
おいしさがピタリと決まります。

材料(2人分)
カリフラワー ＝ 1/2個
アンチョビー(フィレ) ＝ 2枚
にんにく ＝ 1かけ
オリーブオイル ＝ 大さじ2

作り方
1 カリフラワーは小房に分け、にんにくは薄切りにする。
2 鍋ににんにくとオリーブオイルを入れ、弱火にかける。香りが立ったらカリフラワーを加えてひと混ぜし、アンチョビーをちぎって入れる。
3 ふたをして、中火で蒸し焼きにする。クツクツと音がしたら全体を混ぜ、さらに5分ほど弱火で蒸し焼きにする。

キャベツとミニトマトのオイル蒸し

そのまま食べるのはもちろん、
パスタにからめてもおいしい。

材料（4人分）
キャベツ ＝ 1/2個
ミニトマト ＝ 8個
にんにく ＝ 2かけ
オリーブオイル ＝ 大さじ2
塩・こしょう ＝ 各適量

作り方
1 キャベツはざく切りに、ミニトマトは横半分に切る。にんにくはつぶす。
2 鍋ににんにくとオリーブオイルを入れ、弱火にかける。香りが立ったらキャベツとミニトマトを加え、塩、こしょうをふり、オリーブオイル適量（分量外）をまわしかける。
3 ふたをして、弱火で10分ほど蒸し焼きにする。

Point
オイル蒸しにするときは、焦げないよう、様子を見ながらオイルをまわしかける。

揚げる。

半端野菜を食べきる。

冷蔵庫の中に半端に残っている野菜たちも、寄せ集めて揚げものにするだけで、ごちそうに早変わり！特におすすめなのが「かき揚げ」ですが、いろんな野菜の組み合わせを楽しんでみてください。天ぷらやフリットなどにすれば、メインのおかずになりますよ。

野菜のかき揚げ

火が通りやすいせん切りにすることがポイント！
いろんな野菜が入るごとに、食感の変化や味の深みが出ておいしくなります。

材料 (2人分)
ごぼう ＝ 1本
玉ねぎ ＝ 1/2個
にんじん ＝ 5cm
天ぷら粉 ＝ 1/2カップ
水 ＝ 80ml
揚げ油 ＝ 適量
塩 ＝ 適量

1 野菜を切る

ごぼう、玉ねぎ、にんじんは大きさをそろえてせん切りにする。ごぼうは、水にさらして水けをきる。

2 野菜に粉をまぶす

1の野菜をボウルに入れ、天ぷら粉少々（分量外）をふり、全体にまぶしておく。これで、ころものつきがよくなる。

3 ころもをつける

天ぷら粉と分量の水を混ぜ合わせる。つけすぎないよう様子を見ながら**2**にころもを加え、全体にざっくりとあえる。

4 揚げる

中温（約170度）の揚げ油に、**3**をお玉1杯分ずつ流し入れる。表面がカリッとするまで、箸でさわらないこと。

5 油をきる

ひっくり返して、両面をこんがり色よく揚げる。かき揚げを引き上げてバットなどに立てかけ、油をきる。器に盛り、塩を添える。

◎ 基本の揚げもの

かき揚げは水分の少ない野菜で

半端に残っている野菜を組み合わせて、いろんなバリエーションのかき揚げが作れるが、水分の少ない野菜の方がおいしくできる。水分の多い野菜は、干し野菜(p.70)にするとかき揚げに使える。

野菜の揚げ春巻き

桜えびのうまみが効いて
野菜のおいしさもアップ！

材料（4人分）
セロリ ＝ 1/2 本
万能ねぎ ＝ 1/2 束
しいたけ ＝ 4 枚
桜えび ＝ 大さじ 2
春巻きの皮 ＝ 10 枚
小麦粉・水 ＝ 各適量
揚げ油 ＝ 適量
塩 ＝ 少々

作り方
1 セロリはせん切りに、万能ねぎは 3cm 長さに切る。しいたけは薄切りにする。
2 ボウルに **1** と桜えびを入れて混ぜ、春巻きの皮で等分に包む。小麦粉と水を合わせてのりにし、巻き終わりにつけてとめる。
3 中温（約 170 度）の揚げ油で、**2** の春巻きをカリッと揚げる。お好みで塩をふって食べる。

Point
火の通りが均等になるよう、野菜は切りそろえて。桜えびなど、うまみをもたらす素材を加えることがポイント。

野菜のごま天ぷら

ごまの風味のおかげで
子どもも大好きな味に。

材料 (2人分)
ブロッコリー ＝ 1/4 個
カリフラワー ＝ 1/4 個
A ｛ 天ぷら粉 ＝ 1/2 カップ
　　水 ＝ 80ml
　　いりごま(黒・白)
　　　＝ 各大さじ 1
揚げ油 ＝ 適量
塩 ＝ 少々

作り方
1 ブロッコリーとカリフラワーは、小房に分ける。
2 ボウルに A を混ぜ合わせてころもを作り、1 をくぐらせる。
3 中温 (約 170 度) の揚げ油に 2 を入れ、カリッと揚げる。お好みで塩をふって食べる。

なすとかぼちゃの揚げびたし

なすやかぼちゃは、揚げるとさらに
おいしくなります。常備菜にしても。

材料 (2人分)
なす ＝ 1 本
かぼちゃ ＝ 1/8 個
A ｛ だし汁 ＝ 1/2 カップ
　　しょうゆ ＝ 大さじ 1
　　みりん ＝ 小さじ 2
　　しょうがのしぼり汁
　　　＝ 小さじ 1
みょうが ＝ 1 個
揚げ油 ＝ 適量

作り方
1 なすは乱切りに、かぼちゃは 8mm 幅に切る。中温 (約 170 度) の揚げ油に入れ、素揚げにする。
2 小鍋に A を入れ、ひと煮立ちさせる。
3 1 が熱いうちに 2 に漬ける。縦半分に切ってから小口切りにしたみょうがをのせる。

重ね煮する。

まとめて煮て、何度もおいしい

重ね煮は、玉ねぎ、にんじん、しいたけなど、家に常備されている野菜を使って作れます。彩りもよく、味もおいしく、栄養満点に！ そのままおかずとして食べてもいいですが、まとめて作っておくことで、いろんなおかずの素としても活躍します。

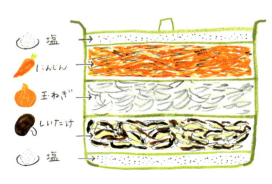

野菜を重ねる順番

最初に鍋底に塩をふる。野菜は下から、「きのこ・海藻類」「果菜類（トマトなど）」「葉野菜」「いも類」「根菜類」の順番で。最後に再び塩をふり、ふたを閉めて火にかける。

基本の重ね煮（薄切り）

基本の重ね煮は、しいたけ、玉ねぎ、にんじんで。
それぞれの野菜のうまみが引き出されます。

材料（でき上がり総量 600〜800g）
しいたけ ＝ 8枚
玉ねぎ ＝ 3個
にんじん ＝ 2本
塩 ＝ ふたつまみ

保存の目安
冷蔵で4〜5日、冷凍で約1か月保存が可能。

◎基本の重ね煮①

1 野菜を切る

しいたけは軸を除き薄切りにする。玉ねぎは薄切りに、にんじんはせん切りにする。

2 しいたけをしく

鍋底に塩ひとつまみをふり、1段目にはしいたけを全面にしき、平らにならす。

3 玉ねぎを重ねる　**4 にんじんをのせる**

2段目は玉ねぎをのせ、平らにならす。

3段目はにんじんをのせ、平らにならす。

5 ふたをして煮る　**6 重ね煮のでき上がり**

塩ひとつまみをふり、ふたをして、弱火で20分ほど加熱する。鍋のふたに穴がある場合、菜箸などを詰め、蒸気がもれない工夫をして。

煮えたら、かさは3分の2ぐらいに減る。火を止めて、全体をかき混ぜる。

●重ね煮があれば

みそ汁に

じっくり煮込んだ味が温めるだけでできます。

材料と作り方（2人分）
鍋にだし汁2カップを温め、みそ大さじ1を溶く。重ね煮80gを入れ、温める。

混ぜごはんに

重ね煮を混ぜるだけ！
調味の必要もありません。

材料と作り方（2人分）
温かいごはん茶碗2杯分に、重ね煮100gを入れ、ざっくりと混ぜる。器に盛り、せん切りにした青じそ1枚をのせ、白いりごま少々をふる。

あえものに

刻んだ水菜と合わせてさっぱりとした副菜に。

材料と作り方（2人分）
ボウルに食べやすく切った水菜1株、重ね煮100g、削り節適量を入れて混ぜ、しょうゆ適量をふり、ざっくりとあえる。

基本の重ね煮（角切り）

角切り野菜のバージョンも
薄切りと同じように重ね煮します。
コロコロの食感が楽しい。

保存の目安
冷蔵で4〜5日、冷凍で約1か月保存が可能。

材料（でき上がり総量 700〜800g）
じゃがいも ＝ 3個
玉ねぎ ＝ 1個
にんじん ＝ 1/2本
塩 ＝ ふたつまみ

1 野菜を切る

じゃがいもは1cm角に切り、水にさらして水けをきる。玉ねぎとにんじんも1cm角に切る。

2 じゃがいもをしく

鍋底に塩ひとつまみをふり、1段目はじゃがいもを全面にしき、平らにならす。

3 玉ねぎを重ねる

2段目は玉ねぎをのせ、平らにならす。

4 にんじんをのせる

3段目はにんじんをのせ、平らにならす。

5 ふたをして煮る

塩ひとつまみをふり、ふたをして、弱火で20分ほど加熱する。鍋のふたに穴がある場合、菜箸などを詰め、蒸気がもれない工夫をして。

6 重ね煮のでき上がり

やわらかく煮えたらでき上がり。火を止めて、全体をかき混ぜる。

◎ 基本の重ね煮 ②

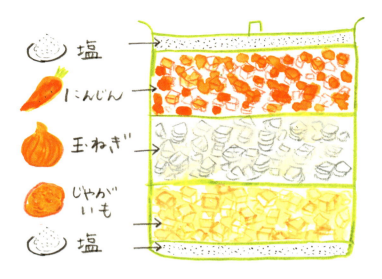

野菜を重ねる順番

重ねる順番は、30ページと同じ。角切りバージョンの場合は、「じゃがいも」「玉ねぎ」「にんじん」の順番で。

● 重ね煮があれば

サラダに

下ごしらえのいらない
ポテトサラダ風。

材料と作り方（2人分）

重ね煮200gをボウルに入れ、オリーブオイル大さじ1、粒マスタード小さじ2、塩・こしょう各少々を加えて、ざっくりとあえる。器に盛り、あればイタリアンパセリ少々を添える。

ミルクスープに

彩りのいい具がたっぷり。
朝食にもおすすめです。

材料と作り方（2人分）

野菜ブロス（p.80）1カップと牛乳1カップを鍋に入れて温め、重ね煮100gを加えて再び温める。塩・粗びき黒こしょう各少々をふる。

簡単キッシュ風に

食パンがパイ生地がわり。
チーズをのせて焼くだけと簡単！

材料と作り方（ココット皿1個分）

食パン1枚は耳を切り、ココットにしきつめる。重ね煮20gにマヨネーズ大さじ1/2を混ぜ、パンの上にのせる。とろけるチーズ適量をのせ、オーブントースターでこんがりと焼く。あればパセリ少々をふる。

33

鍋におまかせ！野菜の煮もの。

豚と白菜の重ね煮

鍋に野菜をギュウギュウ詰めて、あとはコトコト火を通すだけ。野菜から出た汁けやうまみが全体によくしみわたり、おいしい煮ものができています。特にまるごと買うことが多い白菜や大根などの冬野菜は、使いきりが悩みのタネ。鍋におまかせの煮もので解決しましょう。

白菜の間に豚肉をはさんで
鍋を火にかけるだけで OK です。
大きな白菜もペロリ！

材料 (4人分)
白菜 ＝ 1/4個
豚バラ薄切り肉 ＝ 200g
塩 ＝ 小さじ1/2
こしょう ＝ 少々
酒 ＝ 大さじ3

作り方
1 白菜と豚肉を交互に重ねる。鍋の大きさに合わせて切り、すき間なく詰める。
2 塩、こしょう、酒をふる。ふたをして、弱火で20分ほど煮る。

Point
白菜と豚バラ肉を重ねたものを、鍋にぎっしりとすき間なく詰める。

筑前煮

おなじみの冬野菜を使って
重ね煮風に作ってみました。
油で炒めない分、ヘルシーです。

材料（4人分）
れんこん ＝ 1/2 節
にんじん ＝ 1/2 本
大根 ＝ 10cm
里いも ＝ 4 個
鶏もも肉 ＝ 1/2 枚
こんにゃく ＝ 1/2 枚
A ┌ だし汁 ＝ 1/2 カップ
　├ 酒 ＝ 大さじ3
　├ みりん ＝ 大さじ2
　└ 砂糖 ＝ 大さじ1
しょうゆ ＝ 大さじ3

作り方
1 れんこん、にんじんは乱切りに、大根はいちょう切りにする。里いもは皮をむく。鶏肉はひと口大に切り、こんにゃくはスプーンでひと口大にちぎる。
2 こんにゃく、里いも、大根、にんじん、れんこん、鶏肉の順に鍋に入れる。Aを加え、ふたをして15分ほど弱火で煮る。
3 しょうゆを加えて全体を混ぜる。再びふたをして、5分ほど弱火で煮る。ふたをとり、煮汁をからめながら照りをつける。

Point
鍋に材料を入れるとき、それぞれ平らにして、重ねていくこと。だし汁で煮て火を通し、しょうゆの味つけは最後に。

ゆでる。

このひと手間で保存もきく！

冷蔵庫に入れっぱなしでは、すぐしなびてしまう野菜たち。あらかじめゆでておけば、保存期間が数日のびるうえ、冷凍保存も可能になります。さらに、下ごしらえ不要なので、次におかずを作るのも簡単。ここでは、ゆでておくと便利な青菜や根菜などをとりあげました。

ほうれん草をゆでる。

1束で買ってきたほうれん草は、すぐ使わない場合、先にゆでておきましょう。
保存しておけば、おひたしやごまあえなどを作るときに便利です。

材料（作りやすい分量）
ほうれん草 ＝ 1束
塩 ＝ 適量

◎基本のゆで方①

1 切り目を入れる

ほうれん草は、根元まできれいに洗う。根元は火が通りにくいので、十文字の切り目を入れておく。

2 根元からゆでる

鍋にたっぷりの湯を沸かし、塩を入れる。ほうれん草の根元から入れ、やわらかくなり始めたら葉も入れて20秒ほどゆでる。

3 水にとる

ゆであがったほうれん草は、水にさらしてアクを抜く。こうすることで色止めにもなる。

4 水けをしぼる

栄養が水に逃げないよう、手早く引き上げる。根元をそろえて水けをしぼり、食べやすい長さに切る。

青菜のおひたし（左）

だししょうゆで青菜をいただく定番の副菜。

材料と作り方（2～3人分）

小鍋にだし汁1/2カップ、薄口しょうゆ大さじ2、みりん小さじ2を入れてひと煮立ちさせ、冷ます。ゆでたほうれん草1束分を加えてなじませ、器に盛り、削り節少々をのせる。

冷凍保存も可能
ゆでたほうれん草は保存袋に入れ、平らにする。冷蔵は約3日、冷凍は約1か月の保存が可能。

小松菜は？

小松菜のゆで方もほうれん草と同じ。ただし小松菜はアクが少ないので、煮ものや炒めものなどに使うときは下ゆでなしで、そのまま使っても大丈夫。

青菜のごまあえ（右）

ほんのり甘いごまの風味で、根元までおいしく食べられます。

材料と作り方（2～3人分）

ボウルに白すりごま大さじ2、しょうゆ小さじ2、砂糖小さじ1を混ぜ、ゆでたほうれん草1束分を加えてあえる。

◎ 基本のゆで方②

さつまいもをゆでる。

さつまいもやじゃがいもなどの根菜は、保存期間が長いのでつい油断しがちに。
ゆで時間もかかるので、手があいたときにゆでておくことをおすすめします。

材料（作りやすい分量）
さつまいも ＝ 1本

1 水にさらす

さつまいもは皮ごと使うので、たわしで丁寧に洗う。1cm幅の輪切りにし、水にさらしてアクを抜く。水が濁ったらとりかえて。

2 水からゆでる

鍋に水をはってさつまいもを入れ、水からゆでる。竹串をさしてみて、スーッと通ったらゆであがり。

3 ざるにあげる

ゆでたさつまいもはざるにあげ、そのままおいてしばらく冷ます。このとき水けがとぶので、味つけしやすくなる。

冷凍保存も可能
ゆでたさつまいもは、保存袋に平らに並べて入れる。冷蔵は約3日、冷凍は約1か月の保存が可能。

さつまいもの白あえ

豆腐のあえごろもが
さつまいもの甘みと絶妙に合う。

材料と作り方（2～3人分）
絹ごし豆腐1/2丁は水きりしてボウルに入れ、白練りごま大さじ2、薄口しょうゆ小さじ1、砂糖小さじ2、塩小さじ1/4を加えて練り混ぜ、ペースト状にする。ゆでたさつまいも1本分と干しぶどう少々を加えてあえる。

じゃがいもは？

皮つきでも皮をむいても、じゃがいもは水からゆでる。弱火で時間をかけてゆでた方がおいしくできる。竹串をさしてみて、スーッと通ったらざるにあげる。

里いもは？

里いもは皮をむいて水洗いし、たっぷりの湯で10分ほど下ゆでする。中まで火が通ったらざるにあげ、水洗いしてぬめりをとる。そのあと煮ものなどに使って。

◎ 基本のゆで方 ③

ブロッコリーをゆでる。

サラダやつけ合わせなど、出番が多いブロッコリーやカリフラワー。
ゆでて保存しておくと、お弁当のすき間をうめるときも便利ですよ。

材料（作りやすい分量）
ブロッコリー ＝ 1個
塩 ＝ 適量

1 小房に分ける

ブロッコリーは小房に分ける。大きな房は、茎の中央に切り目を入れて手で裂き、大きさをそろえる。

2 茎も切り分ける

茎の部分の皮はかたいので、厚めに皮をむく。残った芯の部分は食べやすく切る。

3 塩ゆでする

鍋にたっぷりの湯を沸かし、塩を入れる。ブロッコリーを入れ、中火で2〜3分ゆでる。

4 ざるにあげる

ゆでたブロッコリーは、ざるにあげて水けをきる。うちわなどで冷ますと、色止めにもなる。

ブロッコリーと卵のサラダ

マヨネーズであえるだけで
おいしいサラダになります。

材料と作り方（2〜3人分）
ゆで卵1個はボウルに入れ、フォークでつぶす。ゆでたブロッコリー1/2個分とマヨネーズ大さじ2、塩・こしょう各少々を加えて混ぜる。お好みでマスタード少々を加える。

カリフラワーは？

カリフラワーは小房に分け、塩を加えた熱湯で4〜5分ほど中火でゆでる。白く仕上げたいときは、小さじ2の酢を加えてゆでるとよい。ゆであがったら、ざるにあげて水きりを。

冷凍保存も可能
ゆでたブロッコリーは、重ならないように保存袋に入れる。冷蔵は約3日、冷凍は約1か月の保存が可能。

Column 1

野菜をムダにしない洗い方

野菜の皮や茎、根までおいしく活用
するための洗い方をお教えします。

根菜はたわしで
やさしく洗う

にんじんや大根などは、皮の部分にこそ栄養やうまみがたっぷり含まれています。たわしを使い、野菜の繊維にそってやさしく水洗いすれば、皮の栄養やうまみを損なうことなく、すみからすみまでムダなく使いきれます。

おすすめのたわし
写真は「髙田耕造商店」の、しゅろのやさしいたわし（特小）。しゅろを使い、職人が手作りしているたわしなので、やわらかくてコシが強いのが特徴。
https://takada1948.jp

きのこは汚れを
ふきとるだけに

きのこは、かたい石づきだけを除き、軸も使いきりましょう。せっかくのきのこの風味が、水洗いすると落ちてしまうので、汚れがあればぬれたふきんやキッチンペーパーなどでふきとるだけにするといいでしょう。

かぶの茎のつけ根は
竹串で汚れをかき出す

かぶは、葉も茎もすべて使いたいもの。まず、葉と実の部分を茎の根元で切り分けます。かぶの茎の根元に砂がたまりがちなので、竹串で汚れをかき出しながら水洗いしましょう。茎の根元がついたかぶは、そのまま料理に使えます。

ほうれん草の
根元はふり洗いを

ほうれん草の根元のピンクの部分には、ポリフェノールなどの栄養が含まれています。もったいないので、根元に十文字の切り込みを入れ、ボウルにはった水の中でふり洗いをして土をきれいに落とし、根元まで使いましょう。

葉野菜は水にはなして
シャキッとさせる

保存するうちに水分が抜けてくったりとしてしまった葉野菜でも、水にはなせば復活します。特に、サラダで葉野菜を使うときは、ボウルにたっぷりとはった水につけ、葉をシャキッとさせましょう。そのあと、しっかり水きりすることを忘れずに。

Column 2

野菜をムダにしない切り方

まだ食べられるところまで切り落としていなかったかどうか、チェックしましょう。

にんじんの茎は丸くくりぬいて

葉つきのにんじんは、茎の根元でカットして、葉先を天ぷらなどで使いきりましょう。茎の根元の部分はかたいので切りとりますが、ザクッと横に切り落とすのではなく、かたい部分だけを丸くくりぬくようにしてください。

玉ねぎの底はV字にカットして

玉ねぎの上下の部分を、ザクッと横に切り落としていませんでしたか？ かたい根元の部分だけ、包丁の刃元の部分を使ってV字にカットすれば、ムダなく使いきることができます。上の方は、茶色の薄皮のみをとり除いて使いましょう。

きのこは根元のギリギリまで使う

たとえば、えのきの場合。ギリギリ根元の部分で切り落とし、くっついている部分をフォークなどですいてバラバラにすれば、根元近くまでおいしく食べることができます。まいたけやしめじは石づきを除き、根元をほぐせば、ほぼ全部使えます。

キャベツの芯はそぎ切りにして使う

かたいキャベツの芯も、そぎ切りにして捨ててしまうのではなく、さらにせん切りなどにすれば生でも食べられます。また、炒めものや煮ものなど、火を通せばやわらかくなるので、その場合はどんな切り方でもおいしく食べられます。

ブロッコリーの茎は皮をむいて芯を使う

ブロッコリーは、房だけでなく、茎も芯もみんな使えます。ただし、茎の皮の部分はややかたいので、皮をむいて中の芯を使うといいでしょう。むいた皮は、野菜ブロス（p.80）に活用できるので、捨てずにとっておきましょう。

第二章 冷蔵庫にあるとうれしい野菜の常備菜

まとめ作りして冷蔵庫に保存しておける「常備菜」は、野菜の使いきりにもうってつけの料理。日持ちがするし、もう1品欲しいとき、すぐに食卓に出せるのもうれしいポイントです。根菜やきのこ、葉野菜などをふんだんに使った、わが家のとっておき常備菜をご紹介しましょう。

気軽な作りおきサラダ。

生野菜ならではの、作りおきサラダをご紹介します。作り方は、ボウルやバット、保存袋に野菜を入れ、調味料とあえるだけと簡単！そのまま冷蔵保存ができて、時間がたつほどに味がなじみ、さらにおいしくなるのもうれしいところ。常備菜のように活躍します。

にんじんラペ

β-カロテンなどの栄養がたっぷり含まれているにんじん。
油といっしょにとることで、吸収もよくなります。
作りおきしておくと、ドレッシングとのなじみもよくなり
さらにおいしくいただけます。
パセリはにんじんの葉にしてもOK！

材料（作りやすい分量）
にんじん ＝ 1本
パセリ（刻む）＝ 適量
くるみ（刻む）＝ 20g
ドレッシング
　オリーブオイル ＝ 大さじ2
　酢 ＝ 大さじ1と1/2
　塩 ＝ 小さじ1/3
　こしょう ＝ 少々

◎ 基本の作りおきサラダ

1　にんじんを切る

にんじんは、斜め切りにする。

斜め切りにしたにんじんをずらしながら一列に並べ、端からせん切りにする。

2　ドレッシングを作る

ボウルにドレッシングの材料を入れ、よく混ぜ合わせる。

3　全体をあえる

ドレッシングに、にんじん、パセリ、くるみを加えてあえる。

作りおきサラダのポイント
＊保存容器や保存袋に入れ、密閉して保存すること。
＊冷蔵保存は2〜3日まで。なるべく早めに食べきって。

かぶとレモンの塩昆布サラダ

材料をすべて保存袋に入れたら、もみもみするだけ。かぶに塩昆布の味がなじんだら食べ頃です。

材料（作りやすい分量）
かぶ ＝ 3個
レモン（国産・輪切り）＝ 1枚
塩昆布 ＝ 5g
塩 ＝ 小さじ1/4

作り方
1. かぶは3mm幅の半月切りに、レモンはいちょう切りにする。
2. 保存袋に1、塩昆布、塩を入れてもみ、冷蔵室で20～30分おいて味をなじませる。

Point
材料をすべて保存袋に入れたら、よくもみ込んで味をなじませる。そのまま冷蔵室に入れ、20～30分以上漬けたら食べ頃に。

きゅうりの一本漬け

きゅうりまるごとを漬けておくだけで
おいしい、おつまみきゅうりになるんです。

材料（作りやすい分量）
きゅうり ＝ 5本
A ｛ 湯冷まし ＝ 1カップ
　　昆布 ＝ 4cm角
　　酢 ＝ 大さじ1
　　砂糖 ＝ 小さじ2
　　塩 ＝ 小さじ2

作り方
1. きゅうりは、ピーラーで皮を何か所かむく。
2. 保存袋にAを入れてよく混ぜる。1を加え、冷蔵室でひと晩漬ける。

Point
ところどころきゅうりの皮をむいておくことで、味がしみ込みやすくなる。一度沸騰させて冷ました水（湯冷まし）を使うことで、保存性もアップ。空気を抜きながら、密閉すること。

コールスローサラダ

はちみつ入りのほんのり甘いドレッシングが魅力。
せん切りキャベツがいくらでも食べられます。

材料（作りやすい分量）
キャベツ ＝ 1/4個
塩 ＝ 小さじ1/3
A ｛ 酢 ＝ 大さじ2
　　 はちみつ ＝ 小さじ1
　　 塩 ＝ 少々
　　 粗びき黒こしょう ＝ 少々

作り方
1　キャベツをせん切りにし、塩をふってよくもむ。水分が出たら、水けをしぼる。
2　ボウルにAを入れてよく混ぜ、ドレッシングを作る。1を加え、ざっくりとあえる。

パプリカとセロリの マリネサラダ

さっぱりとした口直しにぴったりのマリネサラダ。
肉や魚のソテーなどにつけ合わせても。

材料（作りやすい分量）
パプリカ（黄・赤）＝ 各1/2個
セロリ ＝ 1/2本
A ｛ オリーブオイル ＝ 大さじ1
　　 レモン汁 ＝ 小さじ2
　　 はちみつ ＝ 小さじ1
　　 塩・こしょう ＝ 各少々

作り方
1　パプリカとセロリは、4cm長さの細切りにする。
2　ボウルにAを入れて、よく混ぜる。1を加えざっくりとあえる。

火を通して保存性を高める。

なめたけ

わざわざ市販のものを買わなくても、めんつゆ風の味つけですぐできます。

マリネやきんぴら、ナムルにさっと煮など……。なんてことのない野菜のおかずですが、まとめて作っておくと、食卓にあと1品欲しいとき、おべんとうのおかずが足りないときにも大助かり。何より「きょうは冷蔵庫にあれがある」と思えると、気持ちがとてもラクになります。

材料（4人分）
えのきたけ ＝ 1袋
A ｛ だし汁 ＝ 大さじ2
　　しょうゆ ＝ 大さじ2
　　みりん ＝ 大さじ2
　　酒 ＝ 大さじ1

作り方
1 えのきたけは、1.5cm長さに切る。
2 小鍋にAを入れ、火にかける。1を加え、水分がほぼなくなるまで中火で煮る。お好みで、ゆずこしょうや赤唐辛子を入れてもおいしい。

＊冷蔵保存で約5日。

きのこのマリネ

そのままワインに合うおつまみとして。
ほかにもパスタやサラダなどに
活用できます。

材料 (4人分)
しいたけ ＝ 3枚
しめじ ＝ 1/2パック
エリンギ ＝ 2本
マッシュルーム ＝ 3個
A ｛ オリーブオイル ＝ 大さじ2
　　にんにく（つぶす）＝ 1かけ
　　赤唐辛子（ちぎる）＝ 1本
白ワイン ＝ 小さじ2
塩 ＝ 小さじ1/2
こしょう ＝ 少々
レモン汁 ＝ 大さじ1
オリーブオイル ＝ 適量

作り方
1 きのこは石づきがあればとり、それぞれ食べやすい大きさに切る。
2 フライパンにAを入れ、弱火にかける。香りが立ったら1を入れ、強火で炒める。
3 2に白ワインを加えてひと混ぜし、塩、こしょうをふる。火を止め、レモン汁をまわしかける。
4 保存容器に入れ、オリーブオイルをまわしかける。
＊冷蔵保存で約5日。

新じゃがの照り煮

甘辛味がからんだ皮こそ美味！
ゆっくりころがしながら照りをつけて。

材料（4人分）
新じゃがいも ＝ 小 10～12 個
A { だし汁 ＝ 3/4 カップ
　　しょうゆ ＝ 大さじ 2
　　砂糖 ＝ 大さじ 1
　　酒 ＝ 大さじ 1 }
みりん ＝ 大さじ 1
サラダ油 ＝ 適量

作り方
1 じゃがいもは皮ごとよく洗う。
2 鍋に油を熱し、1 を入れ、ゆっくりころがしながら中火で炒める。
3 A を加え、じゃがいもがやわらかくなるまで弱火で煮る。汁けがなくなってきたらみりんを加えて煮からめ、照りをつける。
＊冷蔵保存で 2～3 日。

じゃがいものカレーそぼろ

カレーそぼろが食欲をそそる！
野菜ブロスで煮るとさらにおいしい。

材料（4人分）
じゃがいも ＝ 4 個
鶏ひき肉 ＝ 100g
カレー粉 ＝ 小さじ 2
塩 ＝ 小さじ 1/3
だし汁 ＝ 適量
グリーンピース
　（冷凍または缶詰）＝ 大さじ 2
バター ＝ 10g
＊だし汁は、野菜ブロス（p.80）、またはコンソメスープでもよい。

作り方
1 じゃがいもはひと口大に切り、水にさらして水けをきる。
2 鍋にひき肉を入れ、ほぐしながら中火で炒める。
3 2 に 1 を加えて炒め、カレー粉と塩をふる。だし汁をひたひたに加え、水けがなくなるまで煮る。グリーンピースを加えて混ぜ、仕上げにバターを加えてからめる。
＊冷蔵保存で 2～3 日。

かぼちゃ煮

切ったかぼちゃは、早く使いきることが大切。
まずは、定番の煮ものを作っておきましょう。

材料（4人分）
かぼちゃ ＝ 1/4 個
だし汁 ＝ 1/2 カップ
みりん ＝ 大さじ2
砂糖 ＝ 小さじ2
しょうゆ ＝ 小さじ2

作り方
1 かぼちゃは食べやすく切る。
2 鍋に**1**、だし汁、みりん、砂糖を入れて落としぶたをし、中火で煮る。
3 かぼちゃがやわらかくなったら、しょうゆを加えて汁けがなくなるまで煮詰める。
＊冷蔵保存で2～3日。

かぼちゃサラダ

ヨーグルトが加わって、マイルドな味わい。
ほんのり甘くデザート感覚でいただけます。

材料（4人分）
かぼちゃ ＝ 1/5 個
A ┌ マヨネーズ ＝ 大さじ3
　│ プレーンヨーグルト ＝ 大さじ2
　│ マスタード ＝ 小さじ1/2
　└ 塩・こしょう ＝ 各少々
スライスアーモンド（あれば）＝ 少々

作り方
1 かぼちゃは3cm角に切り、電子レンジで約6分加熱する（ゆでたり、蒸したりしてもよい）。
2 ボウルに**1**を入れ、木べらなどで軽くつぶす。Aを加えて混ぜ合わせ、器に盛り、アーモンドをのせる。
＊冷蔵保存で2～3日。

大根とにんじんのきんぴら

皮ごと使って、野菜のうまみもキープ！
味がなじむとさらにおいしくなります。

材料（4人分）
大根 ＝ 10cm
にんじん ＝ 5cm
ごま油 ＝ 適量
赤唐辛子 ＝ 1本
A ┌ しょうゆ ＝ 小さじ2
　├ みりん ＝ 小さじ2
　└ ごま油 ＝ 小さじ2
白いりごま ＝ 少々

作り方
1 大根とにんじんはそれぞれ皮ごと細切りにする。
2 フライパンにごま油と赤唐辛子を入れて中火にかけ、**1**を加えて炒める。火が通ったら、Aを加えて炒め合わせる。器に盛り、ごまをふる。
＊冷蔵保存で2〜3日。

ごぼうのごまあえ

皮の近くにたっぷり含まれるごぼうのうまみ。
冷めてもおいしくいただけるごまあえで。

材料（4人分）
ごぼう ＝ 1本
酢 ＝ 適量
A ┌ 白すりごま ＝ 大さじ2
　├ 薄口しょうゆ ＝ 小さじ2
　└ 砂糖 ＝ 小さじ1

作り方
1 ごぼうは皮ごと4cm長さに切り、さらに十文字に切ってから、酢水にさらして水けをきる。
2 鍋に500mlほどの湯を沸かし、酢大さじ1/2を入れてから**1**をゆでる。ざるにあげ、熱いうちにAであえる。
＊冷蔵保存で2〜3日。

ごぼうの甘酢だれ

揚げて香ばしくなったごぼうに、
た〜っぷり甘酢だれをからめて。

材料（4人分）
ごぼう ＝ 1本
酢 ＝ 適量
片栗粉 ＝ 適量
A {
  しょうゆ ＝ 小さじ2
  みりん ＝ 小さじ2
  酢 ＝ 小さじ2
  砂糖 ＝ 小さじ1
}
揚げ油 ＝ 適量

作り方
1 ごぼうは皮ごと4cm長さに切り、縦薄切りにし、酢水にさらして水けをきる。
2 ポリ袋に**1**と片栗粉を入れ、よくふってまぶす。
3 中温（約170度）の揚げ油で、**2**をカリッと色よく揚げる。
4 小鍋にAを入れて火にかける。ひと煮立ちしたら**3**を加え、全体によく煮からめる。
＊冷蔵保存で2〜3日。

Point
ポリ袋は、上下にガサガサと大きくふって。こうすれば片栗粉も少量ですみ、全体に薄くまんべんなくつけられる。

簡単ラタトゥイユ

トマトでじっくり煮込まない、
炒め合わせただけの簡単バージョン。

材料（4人分）
- なす ＝ 大2本
- ピーマン ＝ 2個
- ミニトマト ＝ 8個
- 玉ねぎ（*） ＝ 1/6個
- にんにく ＝ 1かけ
- オリーブオイル ＝ 大さじ2
- 塩・こしょう ＝ 各少々

*玉ねぎソテー（p.64）を使ってもよい。

作り方
1. なすは乱切りにし、水にさらして水けをきる。ピーマンも乱切りにし、ミニトマトは4等分に切る。玉ねぎとにんにくはみじん切りにする。
2. 鍋に玉ねぎ、にんにく、オリーブオイルを入れて弱火にかけ、香りが立ったらなすを加えて中火で炒める。
3. なすに油がまわったら、ピーマン、ミニトマトの順に加えて炒め合わせ、塩、こしょうをふる。

＊冷蔵保存で2〜3日。

Point
ミニトマトは最後に加えて、さっと火を通すだけに。炒め合わせて出てくる汁けもうまみたっぷり。

なすの煮もの

格子に切り目を入れたなすに、
よく味がしみ込みます。

材料 (2人分)
なす ＝ 2本
A ｛ だし汁 ＝ 1カップ
　　しょうゆ ＝ 大さじ1
　　みりん ＝ 大さじ1
しょうがのしぼり汁 ＝ 小さじ1
青じそ(せん切り) ＝ 2枚
ごま油 ＝ 適量

作り方
1. なすは縦半分に切って食べやすい大きさに切り、皮に切り目を入れる。水にさらして水けをきる。
2. 鍋にごま油を中火で熱し、1のなすを皮目からさっと焼く。
3. Aを加え、なすがやわらかくなるまで煮る。仕上げにしょうがのしぼり汁を加え、火を止める。
4. 器に盛り、青じそを飾る。

＊冷蔵保存で2～3日。

Point
保存容器に汁ごと入れ、皮目を下になすを入れる。これで味のしみ込みがよく、なすのきれいな色もキープできる。

セロリのじゃこ炒め

セロリは茎も葉も1本まるごと使います。
にんにくと赤唐辛子でピリッと刺激的に。

材料 (4人分)
セロリ ＝ 1本
ちりめんじゃこ ＝ 大さじ2
A ｛ オリーブオイル ＝ 大さじ1
　　にんにく(つぶす) ＝ 1かけ
　　赤唐辛子 ＝ 1/2本
塩 ＝ 小さじ1/3
こしょう ＝ 少々

作り方
1. セロリは斜め切りに、葉の部分はざく切りにする。
2. フライパンにAを入れて弱火にかけ、香りが立ったらじゃこを加えてさっと炒める。
3. セロリを加えて中火で炒め、塩、こしょうで味を調える。最後にセロリの葉を加え、ひと炒めする。

＊冷蔵保存で2～3日。

キャベツの粒マスタードあえ

ザワークラウト風のおつまみおかず。
ビールのおともにいかが？

材料（2人分）
キャベツ ＝ 3〜4枚
にんじん ＝ 3cm
塩 ＝ 適量
A ┃ オリーブオイル ＝ 大さじ1
  ┃ 粒マスタード ＝ 小さじ2
  ┃ 酢 ＝ 小さじ2
  ┃ 塩・こしょう ＝ 各少々

作り方
1 キャベツはざく切りに、にんじんは短冊切りにする。
2 1をさっと塩ゆで（p.39）し、ざるにあげて水けをきる。
3 ボウルにAを入れてよく混ぜ合わせ、2を加えてあえる。
＊冷蔵保存で2〜3日。

白菜と油揚げのさっと煮

油揚げのコクが、さっと煮でも
薄味の白菜によくなじみます。

材料（4人分）
白菜 ＝ 1/6個
油揚げ ＝ 1枚
A ┃ だし汁 ＝ 1/2カップ
  ┃ しょうゆ ＝ 大さじ1
  ┃ みりん ＝ 大さじ1
  ┃ 酒 ＝ 大さじ1
サラダ油 ＝ 適量

作り方
1 白菜の軸の部分は4cm長さの短冊切りに、葉先はひと口大に切る。油揚げは縦半分に切り、1cm幅の短冊切りにする。
2 鍋に油を中火で熱し、白菜の軸をさっと炒める。白菜の葉と油揚げ、Aを加え、5分ほど煮る。
＊冷蔵保存で2〜3日。

三色ナムル

もやし、青菜、にんじんの
三色の彩りがよく、
栄養バランスもよい副菜に。

材料 (4人分)
もやし ＝ 1/2袋
A ┌ ごま油 ＝ 小さじ2
　├ 薄口しょうゆ ＝ 小さじ1
　├ 白すりごま ＝ 小さじ1
　├ おろしにんにく ＝ 小さじ1/4
　└ 塩 ＝ 少々
ほうれん草 ＝ 1/2束
B ┌ ごま油 ＝ 小さじ1
　├ しょうゆ ＝ 小さじ1
　├ 白すりごま ＝ 小さじ1
　├ おろしにんにく ＝ 小さじ1/4
　└ 塩 ＝ 少々
にんじん ＝ 1/3本
C ┌ ごま油 ＝ 小さじ1/2
　├ しょうゆ ＝ 小さじ1/2
　├ 白すりごま ＝ 小さじ1/2
　└ おろしにんにく ＝ 小さじ1/4
塩 ＝ 適量

作り方
1 もやしはさっと塩ゆで(p.39)する。ざるにあげて水きりし、ボウルに入れて熱いうちにAを加えて混ぜ合わせる。
2 ほうれん草は塩ゆで(p.37)して、水にさらして水けをしぼる。3cm長さに切り、ボウルに入れ、Bを加えて混ぜ合わせる。
3 にんじんは細切りにし、塩ゆで(p.39)する。ざるにあげて水きりし、ボウルに入れて熱いうちにCを加えて混ぜ合わせる。

＊冷蔵保存で2〜3日。

Point
もやしとにんじんに味つけするときは、ゆでて水きりしたあとの熱いうちにすること。味のからみがよくなる。

Column 3

野菜の保存法

キャベツは芯をくりぬき ぬれたペーパーを詰める

まるごとで買った方が日持ちするキャベツ。芯をくりぬき、中に水でぬらしたキッチンペーパーを詰め、ラップをして冷蔵庫の野菜室で保存を。切り口からいたんでいくので、葉は一枚一枚はがして使うようにしてください。

葉野菜はぬれた ペーパーで包む

ほうれん草や小松菜などの青菜は、葉が乾燥してしおれてしまわないよう、水でぬらしたキッチンペーパーなどで全体を包み、さらにラップで包んで密閉します。野菜室に入れるときは、できるだけ立てて保存するといいでしょう。

かぼちゃは種と ワタをとって保存

かぼちゃは種とワタの部分がいたみやすいので、あらかじめスプーンなどでかき出します。また、切り口からたんでいくので、切り口周辺は特に空気にふれないようにラップでピッタリと密閉し、野菜室で保存しましょう。

セロリは葉と 茎に分けて保存

葉がついていると、そこから栄養が逃げていきます。まずは、セロリの葉と茎を切り分けましょう。そして、葉と茎のそれぞれをラップで密閉し、野菜室に入れるときは、できるだけ立てて保存するといいでしょう。

保存容器に水をはり もやしは冷蔵保存

野菜の中で、最も足が早いもやし。袋に入れたままだと、2日で黒ずんできます。保存容器などにもやしを入れ、かぶる程度の水を入れます。ふたをして冷蔵室で保存しましょう。水はこまめにかえるようにしてください。

まだ青いトマトは 常温保存で追熟を

トマトは低温に弱いので、まだ青いトマトは常温保存し、自然に赤くなるまで追熟させましょう。すでに熟している赤いトマトは、ひとつずつラップで包んだうえ、湿度に弱いので冷蔵室で保存しましょう。

野菜をおいしく使いきるためにも、
すぐ使わない場合は、
できるだけいい状態で保存し
日持ちさせるようにしましょう。

玉ねぎは風通しの いいところで

玉ねぎは袋に入れっぱなしだとカビてくることが……。かごに入れ、風通しのいい冷暗所で常温保存してください。ネットに入れて、風通しのいい場所に吊るしておくのもおすすめ。湿度に弱いので、夏場は冷蔵室で保存しましょう。

りんごと保存すると 芽が出るのを防ぐ

じゃがいもも、風通しのいい冷暗所で常温保存しましょう。じゃがいもは芽が出てくると、そこから栄養が失われてしまいます。りんごを交ぜておくと、芽が出るのを防いでくれるので、いっしょに入れておきましょう。

大根は葉を落とし 分けて保存を

葉つきの大根は、そこから栄養が失われていくので、あらかじめ葉の部分を切り落とします。そして、葉と大根のそれぞれを別々にラップで密閉し、野菜室で保存しましょう。

泥つきの野菜は そのまま保存して

野菜は、育った環境そのままで保存すると長持ちします。泥つきの場合は、洗わずにそのままペーパーなどで包んでからラップをし、野菜室で保存しましょう。洗ってあるものはいたみやすいので、早めに使いきります。

きのこはかさを 上にして保存する

水けを嫌うきのこ類は、キッチンペーパーなどに包み、保存袋に入れて冷蔵室で保存するといいでしょう。そのとき、きのこのかさを上にすると、保存性がより高まります。えのきは根元を切らず、立てた状態で冷蔵保存しましょう。

第三章 野菜でおかずの素＆保存食を作る

一度に使いきれない野菜は、ひと手間かけて便利なおかずの素に。半端に残った野菜は、漬けものに。さらに干し野菜にすれば長期保存も可能です。野菜をムリなく使いきれるだけではなく、いつものおかずも手間をかけずにおいしくできて、食卓もより豊かになります。

ソフリットに。

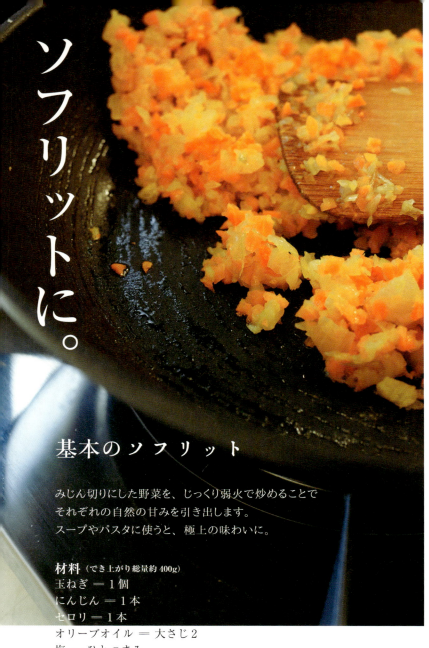

ソフリットとは、加熱すると甘みが出てくる玉ねぎ、にんじん、セロリなどを、オリーブオイルでじっくり炒めて作ったもの。イタリア料理では、パスタソースや煮ものの隠し味などによく使われています。とても重宝するので、余った野菜で作っておきましょう。

基本のソフリット

みじん切りにした野菜を、じっくり弱火で炒めることでそれぞれの自然の甘みを引き出します。
スープやパスタに使うと、極上の味わいに。

材料（でき上がり総量約400g）
玉ねぎ ＝ 1個
にんじん ＝ 1本
セロリ ＝ 1本
オリーブオイル ＝ 大さじ2
塩 ＝ ひとつまみ

保存の目安
冷蔵で4〜5日、冷凍で約1か月保存が可能。冷凍保存するときは、保存袋に入れ、菜箸などで切り目を入れておくと、次に使うときに便利。

1 野菜を切る

玉ねぎ、にんじん、セロリは、それぞれみじん切りにする。

2 野菜を入れる

フライパンにオリーブオイルを熱し、1の野菜と塩を入れて炒める。

3 じっくり炒める

野菜がすべてしんなりするまで、じっくり弱火で炒めること。

◉ソフリットがあれば

卵スープに

ソフリットが具になるとともに
だしにもなり、味わい深いスープに。

材料と作り方（2人分）
鍋に野菜ブロス（p.80）2カップを温め、ソフリット40gを加えて混ぜる。溶き卵1個分を流し入れ、かたまってきたら、塩・こしょう各少々で調味する。器に盛り、万能ねぎの小口切り少々をのせる。

バターライスに

混ぜるだけで、野菜のうまみを吸った
ピラフ風の味わいが実現できます。

材料と作り方（2人分）
温かいごはん茶碗2杯分に、バター大さじ1とソフリット40gを加え、よく混ぜ合わせる。器に盛り、パセリのみじん切り少々をちらす。

ミートソーススパゲッティに

ソフリットのおかげで、プロの味もすぐ！
マイルドな味わいのミートソースに。

材料と作り方（2人分）
フライパンにサラダ油少々を熱し、牛ひき肉150gを中火で炒める。肉の色が変わったら、ソフリット70gを加えて混ぜ、赤ワイン20mlを注いでアルコール分をとばす。トマト缶1缶をつぶし入れ、ローリエ・塩・こしょう各適量を加え、30分ほど煮込む。スパゲッティをゆでて器に盛り、ミートソースをかける。

ソテーに。

弱火でじっくり時間をかけ、あめ色に炒めることで、玉ねぎソテーはおいしく作れます。ほかにも、しいたけソテーや長ねぎソテーなども、だしになったり、具やトッピングになったりするなど、幅広く活躍してくれます。時間があるとき、作っておきましょう。

基本の玉ねぎソテー

→ 活用例

- ハンバーグのタネに
- スープのだしに
- ピラフの具に
- 炒めものの隠し味に
- オムレツの具に

炒めるほどに引き立つ自然の甘み。調味料がわりに使えます。

材料（作りやすい分量）
玉ねぎ ＝ 2個
サラダ油 ＝ 大さじ1
塩 ＝ ひとつまみ

保存の目安
冷蔵で4〜5日、冷凍で約1か月保存が可能。冷凍保存するときは、保存袋に入れ、菜箸などで切り目を入れておくと、次に使うときに便利。

1 玉ねぎを切る

玉ねぎはみじん切りにする。ここで細かく刻んでおくと、火の通りが均一になり、なめらかな仕上がりに。

2 混ぜながら炒める

フライパンに油を熱し、玉ねぎを入れる。焦げないように、混ぜながら炒め始める。

3 あめ色になるまで炒める

玉ねぎの色があめ色になるまで、弱火でじっくり炒める。塩をふり、調味する。

しいたけソテー

↳ 活用例
- 餃子やシュウマイのタネに
- スープのだしに
- ピラフの具に
- 野菜の炒めものに
- 煮ものの隠し味に

風味がいいので、だしがわりに使えます。
具としてボリュームアップにも！

材料（作りやすい分量）
しいたけ ＝ 10枚
サラダ油 ＝ 大さじ1
塩 ＝ 少々

作り方
1 しいたけは軸を除き、薄切りにする。
2 フライパンに油を熱して1を入れ、弱火でじっくり炒める。塩をふり、調味する。

長ねぎソテー

↳ 活用例
- めんのトッピングに
- 温豆腐のあんかけに
- スープのだしに

めんなどにのせると、
香ばしい風味が広がります。

材料（作りやすい分量）
長ねぎ ＝ 3本
サラダ油 ＝ 大さじ1
塩 ＝ 少々

作り方
1 長ねぎは斜め薄切りにする。
2 フライパンに油を熱して1を入れ、弱火でじっくり炒める。塩をふり、調味する。

すりおろし、ペーストに。

れんこんのすりおろし
→ シチューのルー に

バターで小麦粉を炒める手間いらず！
加えるだけでとろみがつきます。

材料と作り方（4人分）
鶏もも肉1/2枚は食べやすく切り、塩・こしょう各少々をふる。れんこん1/3節、にんじん1/4本は乱切りに、玉ねぎ1/2個は薄切りにする。鍋に野菜ブロス（p.80）2カップと材料を入れてふたをし、弱火で約10分煮る。れんこんのすりおろし2/3節分を加えてとろみをつけ、牛乳1カップを加えてひと煮立ちさせる。ゆでたブロッコリー（p.39）8房を加え、塩・こしょう各少々で味を調える。

冷凍保存も可能
野菜のすりおろしは保存袋に入れ、平らにする。菜箸などで切り目を入れて冷凍すると、次に使うときに便利。冷蔵は約3日、冷凍は約1か月の保存が可能。

長いものすりおろし
→ ホワイトソース に

口の中で溶けるような、ふわふわの食感が楽しめるグラタンになります。

材料と作り方（2人分）
ボウルにすりおろした長いも1本分（500g）、ツナ缶小1缶、溶き卵1/2個分、万能ねぎの小口切り適量、薄口しょうゆ少々を入れて混ぜ、耐熱容器に流し入れる。とろけるチーズ30gをのせ、オーブントースターでこんがりきつね色に焼く。

野菜はそのまま食べるだけでなく、すりおろしたり、ペーストにしたりして、料理に活用しながら使いきることもできます。コツのいらないシチューのルーやホワイトソースがわりに使えるので、とても便利。おなじみの料理も、よりヘルシーなうえ、ひと味違った仕上がりに！

かぶのペースト
→ ポタージュ に

かぶの甘みがそのままポタージュに！
子どもにも食べやすいやさしい味わい。

材料と作り方（2人分）
スライスしたかぶ3個をゆで、ミキサーで撹拌する。鍋にかぶのペーストと玉ねぎソテー（p.64）30g、野菜ブロス（p.80）2カップを入れて温め、塩・こしょう各少々で調味する。ゆでたかぶの葉少々を刻んでのせる。

ブロッコリーのペースト
→ あえごろも に

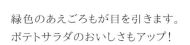

緑色のあえごろもが目を引きます。
ポテトサラダのおいしさもアップ！

材料と作り方（2人分）
ブロッコリー8房はゆで（p.39）、ミキサーで撹拌する。ひと口大に切ったじゃがいも2個、いちょう切りにしたにんじん5cm、角切りにした玉ねぎ1/4個をゆでる。じゃがいも、にんじん、玉ねぎをボウルに合わせ、マヨネーズ・塩・こしょう各適量で調味する。ブロッコリーペースト50gを加えてあえる。

トマトのペースト
→ 冷やし中華のたれ に

酸味の効いたさわやかな味わいに。
ラーメンのスープに混ぜても美味。

材料と作り方（2人分）
トマト1個は乱切りにし、ミキサーで撹拌する。市販の冷やし中華のたれと1：1の割合で混ぜる。きゅうり1/2本とチャーシュー2枚はせん切りに、卵1個で錦糸卵を作る。めん2玉をゆで、器に盛り、具をのせる。トマトペーストを合わせたたれをかける。

たれ、ドレッシングに。

ラビゴットソース

トマトの酸味に、きゅうりの歯ごたえが印象的。
さらに玉ねぎが全体をピリッと引き締めます。

材料と作り方（作りやすい分量）
トマト1/2個、玉ねぎ1/8個、きゅうり5cmはすべてみじん切りにする。酢小さじ2、オリーブオイル大さじ1、塩・こしょう各少々を加え、混ぜ合わせる。
＊冷蔵保存で約2日。冷凍保存は不可。

活用例
- カルパッチョに
- 魚のムニエルに
- ゆで鶏のソースに

山形だし

なすやみょうがで浅漬け風に作ります。
ごはんにのっけるだけでおいしい。

材料と作り方（作りやすい分量）
なす、きゅうり、みょうがはみじん切りにし、合わせて100g用意する。刻み昆布5g、おろししょうが小さじ1、しょうゆ小さじ2、塩少々を加え、混ぜ合わせる。
＊冷蔵保存で約2～3日。冷凍保存は不可。

活用例
- 冷ややっこに
- ごはんに
- そうめんの具に

野菜を使って、冷蔵庫にあると便利な「特製調味料」も自分で作れます。肉や魚のソースに、チャーハンの味つけに、鍋のつけだれに……などなど、活用法はお好みで。保存することも考えて、野菜や果汁はフレッシュなものをお使いください。

ジェノバソース

バジルは使いきれない野菜の代表例。
ソースにしておけば保存も約1か月に。

材料と作り方（作りやすい分量）
バジル50g、にんにく1/2かけ、塩ふたつまみ、オリーブオイル1/2カップをミキサーで撹拌する。保存容器に入れるとき、オリーブオイルを足しておくとよい。
＊冷蔵保存で約1～2週間、冷凍保存は約1か月。

活用例
- パスタに
- 温サラダに
- 肉や魚のソテーに

にんにくのしょうゆ漬け

薄切りにしたにんにくを
しょうゆに漬けるだけ！

材料と作り方（作りやすい分量）

にんにく5かけは薄切りにし、保存容器に入れる。しょうゆ1カップを注ぐ。

＊冷蔵保存で3か月〜半年。冷凍保存は不可。

活用例

- チャーハンの味つけに
- 煮ものに
- 炒めものに

にらのしょうゆ漬け

にらの風味が際立つしょうゆ。
鍋の汁などで割って使って。

材料と作り方（作りやすい分量）

にら1/2束は小口切りにし、保存容器に入れる。しょうゆ1カップを注ぐ。

＊冷蔵保存で約1週間。冷凍保存は不可。

活用例

- 冷ややっこに
- チャーハンの味つけに
- あえものに
- 鍋のつけだれに

きゅうり酢

きゅうりの風味がさわやか。
あえごろもにすれば口直しに。

材料と作り方（作りやすい分量）

きゅうり1/2本はすりおろし、すし酢（市販）大さじ1を加えて混ぜる。

＊冷蔵保存で約1日。冷凍保存は不可。

活用例

- あえものに
- 焼き魚に
- ゆで鶏のソースに

ねぎレモンだれ

レモンの酸味であと味もすっきり！
食欲のないときにもおすすめ。

材料と作り方（作りやすい分量）

耐熱容器にみりん大さじ2を入れ、電子レンジで20秒ほど加熱する。あら熱をとり、長ねぎのみじん切り1/2本分、塩小さじ2/3を加えて混ぜる。レモン汁1/2個分、レモンの皮のすりおろし少々を加えて混ぜる。

＊冷蔵保存で約3日。冷凍保存は不可。

活用例

- 冷ややっこに
- 焼き肉のたれに
- サラダに

干し野菜に。

野菜を干すと、生とは違う食感が楽しめるほか、甘みやうまみが増したり、栄養価もアップするなど、いいことずくめ。数時間でできる半干しと、1週間ぐらいかかる完干しがあるので、お好きな野菜でいろいろ試してみてください。そのおいしさにやみつきになるはず。

> **下準備（半干し、完干しともに共通）**
> ○ 野菜は皮ごと使うため、きちんと洗う。
> ○ しっかりと水けをきり、キッチンペーパーなどで水分をふきとる。
> ○ 食べやすいように、野菜を切る（切り口の断面が大きいほど、水分が抜けやすい）。

Before

数時間後

After

基本の(半)干し

天日に2～3時間干すだけでできる
お手軽な干し野菜です。
劇的に変わる食感に注目して。

野菜は……
野菜は何でもOK。

でき上がりの目安
干し時間は、数時間から半日ぐらい。野菜にしわが出たり、しんなりしたらでき上がり。干し足りない場合は、翌日にも干し直して。

使い方
半干しの野菜は、そのまま調理に使える。水分が抜けている分、きれいな焼き目がつき、歯ごたえや食感もよくなる。

保存は
キッチンペーパーなどにのせ、ラップはかけずに冷蔵室へ。冷蔵保存で5日以内に食べきること。

干し方

〇 ざるや網を用意し、野菜どうしがくっつかないように並べる。
〇 日当たりがよく、風通しのいいところに干す。
〇 途中で野菜の上下を返す。
（以下、完干しのみ）
〇 雨の日や湿気の多い時期は、室内の風通しのいい場所や冷蔵庫に移動させるなど、カビに注意する。
〇 ほこりなどが気になる場合は、ほこりよけのネットなどをかぶせて。

1週間後…

基本の㊙干し

おなじみの干ししいたけや切り干し大根も
ほうっておくだけででき上がり。
野菜の濃縮されたうまみが、いいだしに。

野菜は……
葉野菜以外の野菜ならOK。

でき上がりの目安
干し時間は、1週間ぐらい。野菜の水分が完全に抜けたらでき上がり。ただし、野菜によって差があるので、様子を見て判断をして。

使い方
完干しの場合は、水で戻してから使う。戻し汁は、だし汁として使える。

保存は
常温保存で、3週間以内に食べきること。

**雨の日もできる！
レンジ干し**

耐熱容器に、薄切りにした野菜を重ならないようにして並べ、様子を見ながら電子レンジで約3分加熱する。ひっくり返して、さらに約2分加熱したらでき上がり。そのまま野菜チップスとして食べられる。

干し野菜のおいしい食べ方

㊗ 干しのじゃがいもで
→ 皮つきポテトフライ

パリッと香ばしい皮が
おいしさのポイント。
今までにない
食感に出会えます。

材料と作り方（作りやすい分量）
半干しのじゃがいも200gを
中温（約170度）の揚げ油でき
つね色になるまで揚げる。器
に盛って塩少々をふり、あれば
イタリアンパセリを添える。

㊗ 干しのミニトマトで
→ ドライトマトのパスタ

買うと高いドライトマト。
家で手作りしてみましょう。
甘みの増したトマトが
あとを引くおいしさです。

材料と作り方（2人分）
鍋にたっぷりの湯を沸かし、塩大さじ1/2を
入れ、スパゲッティ160gをゆでる。フライ
パンにオリーブオイル大さじ2とつぶしたに
んにく1かけを入れて火にかける。香りが立っ
たら、半干しのミニトマト10個を入れて中火
でさっと炒め、ゆで汁70mlを加える。ゆで
上がったパスタを加えて全体を混ぜ、塩・こ
しょう各少々で調味する。器に盛り、刻んだ
イタリアンパセリ適量をちらす。

㊗ 干しの大根で
→ ハリハリ漬け

パリッとした歯ごたえが
たまりません。
噛めば噛むほどに
口にうまみが広がります。

材料と作り方（作りやすい分量）
完干しの大根50gは、水につけて
戻す。鍋に、しょうゆ・酢各1/4カッ
プ、みりん・水各大さじ2、赤唐
辛子1/2本を入れ、ひと煮立ちさ
せる。水けをきった完干しの大根
を加え、1時間以上漬ける。

完 干しの大根、にんじん、れんこん、ごぼう、きのこで
↳ 干し野菜のけんちん汁

滋味深いだしのおかげで味つけはいらないぐらい。汁にしみ出た栄養も、残さずいただきます。

材料と作り方（2人分）

完干し野菜（大根、にんじん、れんこん、ごぼう、きのこを合わせて）20gは水洗いする。鍋に水2カップと昆布5cm角、干し野菜を入れて火にかけ、中火で約15分煮る。薄口しょうゆ少々で調味し、器に盛る。小口切りにした万能ねぎ少々をふる。

半 干しのキャベツ、にんじん、セロリで
↳ 干し野菜のアーリオ・オーリオ

せん切り野菜だからスピーディに半干しができ上がります。お酒のおつまみにも。

材料と作り方（2人分）

フライパンに、つぶしたにんにく1/2かけと赤唐辛子1/2本、オリーブオイル大さじ1を入れて弱火にかける。香りが立ったら、半干し野菜（キャベツ、にんじん、セロリを合わせて）50gを加えて中火で炒め、塩・こしょう各少々で調味する。

半 干しのたけのこで
↳ メンマ

たけのこの使いきりに、やわらかさも独特なわが家のメンマを手作りしましょう。

材料と作り方（作りやすい分量）

鍋にごま油大さじ1を熱し、ゆでて半干しにしたたけのこ200gを入れて中火で炒める。薄口しょうゆ大さじ1、みりん大さじ2、鶏がらスープの素小さじ2を加え、混ぜながら炒めて汁けをとばす。

漬けものに。

浅漬けに

切った野菜を塩もみするだけ！
味がなじめば、すぐ食べられるのもうれしい。

半端に残った野菜も、漬け汁やぬか床に入れておくだけで、おいしい漬けものになります。漬けものを作るなんて、野菜の使いきり以上に難しいのでは、と思っていませんか？ そんなことはありません。初心者さんにもできる簡単レシピでご紹介します。

なすとしょうがの浅漬け（左）

しょうが風味と塩味だけのシンプルな浅漬けです。

材料と作り方（作りやすい分量）

なす2本は縦半分に切り、斜め切りにする。しょうが1/2かけと青じそ4枚はそれぞれせん切りにする。材料をすべて保存容器に入れ、塩適量を加えて全体をよく混ぜ合わせる。

＊冷蔵保存で2〜3日。

白菜とにんじんの浅漬け（上）

白菜から出る水けがおいしさの素。塩分はお好みで。

材料と作り方（作りやすい分量）

白菜3枚はざく切りに、にんじん5cmは細切りにする。保存袋に白菜とにんじんを入れ、塩適量を加えて全体をよくもみ混ぜる。

＊冷蔵保存で2〜3日。

ぬか漬けに

ぬか床なんて作ったことがないし、
毎日かき混ぜるのも大変……。
超手軽にチャレンジできる秘密兵器をお教えします。

材料と作り方（作りやすい分量）

市販のぬか床キット（下記コラム参照）で、表示どおりにぬか床を作る。きゅうり、にんじん、なす（それぞれ水けをきれいにふきとる）などを、ぬか床にすっぽり隠れるように入れて1日以上漬ける。

＊冷蔵保存で約1か月。

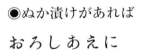

● ぬか漬けがあれば

おろしあえに

大根おろしでぬか漬けをあえて
もみじおろし風にアレンジしました。

材料と作り方（作りやすい分量）

ぬか漬け(にんじん) 3cm はみじん切りにし、大根おろし適量であえる。焼き魚に添えても。

あると便利！
『ぬか床一年生』

付属の保存袋にぬかと水、天然酵母を入れてもみ、そのままぬか床として使えるキット。野菜を入れるだけでぬか漬けができる。自然食品店やインターネットで購入可能。

みそ漬けに

みそ漬けは、肉や魚だけではありません。
味がなじんだ野菜はそのまま食べられます。

材料と作り方（作りやすい分量）

みそ150gとみりん大さじ3を混ぜ合わせて保存容器に入れ、みそ床を作る。食べやすく切った大根・にんじん・みょうが各適量や、ゆでて食べやすく切ったごぼう適量をみそ床にすっぽり隠れるように入れ、冷蔵室で1日以上漬ける。

＊冷蔵保存で約1週間。

甘酢漬けに

甘酢しょうがでおなじみの甘酢漬け。
彩りよく、セロリやにんじんも入れました。

材料と作り方（作りやすい分量）

にんじん・しょうが・セロリ各適量はそれぞれせん切りにする。野菜をすべて保存容器に入れ、すし酢（市販）をひたひたに加えて、冷蔵室で1日以上漬ける。

＊冷蔵保存で2週間。

◉甘酢漬けがあれば

混ぜずしに

すし飯を作らなくても
混ぜずしが簡単にできる！

材料と作り方（作りやすい分量）

炊きたてのごはんに、甘酢漬け適量を汁ごと加えて混ぜる。器に盛り、刻みのりを飾る。

ピクルスに

野菜なら何でもピクルスにしてOK！
サラダ感覚で野菜を食べられます。

材料と作り方（作りやすい分量）

鍋に酢1カップ、水80ml、砂糖大さじ4、塩小さじ2を入れ、ひと煮立ちさせる。保存容器に入れ、赤唐辛子1本、にんにく1かけ、ローリエ1枚を加えて冷ます。カリフラワー・ブロッコリー各1/6個は小房に分け、れんこん1/4節は乱切りに、玉ねぎ1/2個はひと口大に切る。野菜をゆで、熱いうちにピクルス液に入れ、冷蔵室で1日以上漬ける。

＊冷蔵保存で1週間。

Point
野菜をゆでて、水けをきったら、熱いままピクルス液に漬けることがポイント。味のしみ込みがよくなる。

キムチに

市販のキムチの素を使って手軽に作ります。
専用の保存瓶で作ると、においも気になりません。

材料と作り方（作りやすい分量）

白菜3〜4枚はざく切りにし、塩適量をふってよくもみ、水けをしぼる。大根3cmはいちょう切りに、長ねぎ3〜4本は5cm長さに切る。野菜を合わせ、キムチの素（市販）大さじ4を加えて混ぜ、冷蔵室で1日以上漬ける。

＊冷蔵保存で1週間。

Point
水けが出やすい白菜は、あらかじめ塩もみして、しっかり水けをしぼっておく。

第四章 皮や茎も使いきる

今まで捨てていた野菜の皮や茎などには、うまみや栄養がたっぷり！ 集めた野菜くずで、おいしいスープ「野菜ブロス」を作ってみませんか。野菜の自然な甘みとうまみが引き出された、いいだしがとれます。野菜くずで作るおつまみも、目からウロコのおいしさです。

野菜ブロスを作る。

野菜ブロスって？

料理する中で出てくる野菜くずをとっておきます。両手1杯分が集まったら、水を加えて20分ほど煮出すだけ。これで、野菜の皮に含まれるミネラルやファイトケミカルたっぷりのスープがとれます。これを「野菜ブロス」といいます。

野菜ブロス

弱火でコトコト煮ることで、野菜のうまみと栄養が溶け出した究極のスープです。
野菜くずを集めるときは、保存袋などに入れ、冷蔵庫で保存をしましょう。

材料（作りやすい分量）
野菜くず ＝ 両手1杯分
水 ＝ 1ℓ

1 野菜くずを集める

野菜の皮、芯、軸、へた、長ねぎの青い部分、かぼちゃの種やワタなど、両手に1杯分を集める（水けをきって保存袋に入れ、冷蔵保存もしくは冷凍保存をしておく）。

2 水から煮る

鍋に野菜くずを入れ、分量の水を注ぎ、火にかける。足りなければ、昆布を加えてもよい。煮立ったら弱火にする。

3 弱火で煮る

弱火で20分ほどコトコト煮る。野菜のうまみやだしが出て、ゆで汁がいい色になる。

4 ざるでこす

ざるで野菜くずをこす。細かい野菜くずがある場合は、ざるの上にキッチンペーパーをしいてこしても。

野菜ブロスの
シンプルスープ

野菜ブロスは、そのままスープとして楽しめる。塩・こしょう各少々で調味し、お好みでパセリのみじん切り少々をふっても。

＊冷蔵保存で約3日、冷凍保存で約1か月。

◉野菜ブロスがあれば

ブロスごはんおにぎりに

野菜のだしを存分に吸った
贅沢な味わいのおにぎりです。

材料と作り方（4人分）

①米2合は研ぎ、ざるにあげて水けをきる。炊飯器に入れ、2合の目盛りまで野菜ブロスを加える。塩小さじ1/2を加えて混ぜ、炊く。②炊きあがったごはんに、刻んだパセリ適量を加えて混ぜ、おにぎりをにぎる。

＼ほかにも／
こんな活用例が！

- カレーやシチューに
- 煮ものに
- ピラフやパエリアに

スープパスタに

野菜ブロスでパスタを煮ることで、
うまみたっぷりのスープパスタに。

材料と作り方（2人分）

①鶏もも肉80gは1cm角に切る。白菜4枚の軸は短冊切りに、葉先はざく切りに、玉ねぎ1/4個は薄切りにする。②鍋につぶしたにんにく1かけとオリーブオイル大さじ1を入れて弱火にかけ、香りが立ったら鶏肉と玉ねぎを炒める。白菜の軸の部分、野菜ブロス2カップ、ローリエ1枚、塩小さじ1/2、こしょう少々を加え、ふたをして中火で煮る。③煮立ったら半分に折ったスパゲッティ160gを入れ、いっしょに煮込む。めんがやわらかくなったら白菜の葉も加え、ひと煮立ちさせる。

捨てるところナシ！
野菜くずで絶品おつまみ

かぶの葉のごまあえ

かぶや大根の葉は、
青菜と同様に使えます。
ごまあえやおひたしに。

材料と作り方（2人分）
かぶの葉2個分は、塩ゆでして3cm長さに切る。油揚げ1/4枚は魚焼きグリルで焼き、短冊切りにする。かぶの葉と油揚げをボウルに入れ、しょうゆ小さじ2、砂糖小さじ1、白いりごま適量を加えてあえる。

ほかにも…
- 大根の葉で
- 春菊の茎で

大根の葉炒め

刻んだ葉を炒めれば、
ビタミンたっぷりの副菜に。

ほかにも…
- かぶの葉で
- 春菊の茎で

材料と作り方（2人分）
大根の葉100gは小口切りにする。フライパンにごま油少々を熱し、大根の葉を中火で炒める。しょうゆ・みりん各小さじ2を加えて炒め、白いりごま少々をふる。

セロリの葉の天ぷら

セロリの葉は揚げることで
苦みもなくなり
香りもアップします。

ほかにも…
- 大根の葉で
- かぶの葉で
- にんじんの葉で
- 残ったパセリで

材料と作り方（2人分）
セロリの葉1本分の水けをふきとる。天ぷら粉と水を1：1で合わせ、ころもを作る。セロリの葉の片面にころもをまぶし、中温（約170度）の揚げ油適量で、カラリと揚げる。

ブロッコリーの茎きんぴら

かたい皮だけむいたら、
あとは刻んできんぴらに。
塩味だけで十分おいしい。

ほかにも…
- いも類の皮で
- 大根の葉で
- かぶの葉で
- 春菊の茎で
- きのこの軸で

材料と作り方（2人分）
ブロッコリーの芯1個分は太めのせん切りにする。フライパンにごま油少々を熱し、ブロッコリーの芯を入れて中火で炒め、塩・みりん各少々で調味する。白いりごま少々をふる。

ブロッコリーの
ゆで汁はみそ汁に

ブロッコリーには、昆布と同じうまみ成分のグルタミン酸が含まれている。ゆで汁も捨てずにだし汁がわりにして、みそ汁を作るとよい。

野菜の皮チップス

カラッと揚がった野菜の皮が、
うまみの強いおつまみに。

材料と作り方（2人分）
ごぼうとにんじんの皮を合わせて100g用意し、短冊切りにする。中温（約170度）の揚げ油で、野菜の皮を色よく素揚げにする。

ほかにも…
- 大根の皮で
- なすの皮で

野菜の皮ふりかけ

いろんな野菜の皮を刻めば、
歯ごたえも様々でまたおいしい。

材料と作り方（2人分）
にんじん、大根の皮や葉、ブロッコリーの芯を合わせて100g用意し、みじん切りにする。フライパンにごま油少々を熱し、野菜の皮を中火で炒める。ちりめんじゃこ大さじ1と白いりごま適量を加えて混ぜ、薄口しょうゆと塩各少々で調味する。

ほかにも…
- カリフラワーの芯で
- うどの皮で
- しょうがの皮で
- かぶの皮、葉で

野菜の皮漬け

ポン酢で作る浅漬け風。
しょうがの皮が
味を引き締めます。

材料と作り方（2人分）

大根、にんじん、しょうがの皮を合わせて100g用意し、せん切りにして保存袋に入れる。種をとって小口切りにした赤唐辛子1/2本分、ポン酢しょうゆ大さじ1を加えてもみ、味をなじませる。

ほかにも…
- かぶの皮で
- ブロッコリーの皮や芯で

しいたけの軸の佃煮

しょうゆ漬けにしたおかげで
中まで味がしっかり！
ごはんがすすみます。

材料と作り方（2人分）

しいたけの軸は縦に裂き、ひたひたのしょうゆに漬けておく。約50gたまったら鍋に入れ、みりん・砂糖・酒各大さじ1〜2を加え、やわらかくなるまで煮る。

ほかにも…
- ブロッコリーの芯
- 野菜の皮

野菜くずの復活ワザ

にんじんの頭の部分や青ねぎの根元の部分など、器やコップで水耕栽培すると、数日で新芽が出てくる。新芽を摘んで刻めば、みそ汁やスープの浮き実に活用できる。

Column 4

野菜の使いきり
Q & A

Q 保存がきく野菜と
保存がきかない野菜を教えて！

A 持ちがいいのは根菜類。
水分を多く含む野菜は持ちません。

保存がきく野菜は、じゃがいも、玉ねぎ、さつまいも、かぼちゃなど。特にかぼちゃは、カットされていなければ、冷暗所で1〜2か月持ちます。じゃがいも、玉ねぎ、さつまいも、ごぼうなどは、風通しのいい冷暗所で2週間〜1か月ほど。夏は野菜室に入れましょう。保存のきかない野菜は、冷蔵室で2〜3日のもやし、3〜4日のほうれん草、小松菜、にら、1週間のなす、トマト、セロリ、にんじん、大根、2週間のキャベツ、白菜など。野菜の保存法（p.58〜59）も参考にしてください。

Q 野菜の賞味期限、
消費期限の目安は？

A 見た目やにおいをたよりに
自分で判断するしかありません。

工場でカットされる「カット野菜」には、加工年月日と消費期限が明示されていますが、一般に野菜には消費期限も賞味期限も書かれていません。野菜は生きているので、保存する状態によって期限が変わってきます。店頭に並ぶまでの時間によっても鮮度に違いがあります。見た目やにおいなどで、自分で確認するしかありません。スーパーなどで買うときはもちろん、使う前にもいたんでいないかどうか確かめましょう。

野菜の保存法や見分け方についてなど、
まだある野菜の使いきりに関する
質問を集めてみました。

Q 長持ちする野菜の見分け方は
ありますか？

A 傷や変色がないことや
みずみずしさを確認しましょう。

基本的に、収穫してから店頭に並ぶまでの時間で鮮度は違ってきます。色が鮮やかで、表面に傷がないうえ、はりやつやがあり、みずみずしいものを選びましょう。トマトやなすはへたがピンと立っているもの、きゅうりは表面のトゲがツンツンしているのが新鮮な証拠。じゃがいもは芽が出ていないものを、里いもやごぼうなどは土つきで買うといいでしょう。

Q 冷蔵庫に入れなくていい
野菜にはどんなものがありますか？

A 常温保存するときには
風通しのいい冷暗所で。

夏以外は、かぼちゃ、じゃがいも、玉ねぎ、里いも、さつまいも、ごぼうなどが常温保存できる野菜です。冬に限り、まるごとの白菜や長ねぎ、しょうが、にんにくなども可能です。いずれも風通しのいい冷暗所で保存しましょう。カットしてある場合はいたみやすいので、常温保存できる野菜でも、すぐに冷蔵室に入れてください。

伯母直美 うば・なおみ

管理栄養士・旬菜料理家。

東京家政学院大学卒業、赤堀料理学園フードコーディネーター科、エコール辻 東京 日本料理マスターカレッジ卒業。料理研究家のアシスタントを経て、2000年より「暮らしのRecipe キッチンスタジオ」主宰。自宅の畑で育てた野菜の収穫体験ができる料理教室とあって話題に。現在は企業や雑誌、ウェブサイトなどでのレシピ提案、テレビ・ラジオ出演、飲食店のメニュー開発などに広く携わる。

www.naomi-uba.com
Instagram @uba_naomi

アートディレクション・デザイン　高市美佳	材料提供　農産物直売所　調布のやさい畑
撮影　木村 拓（東京料理写真）	https://yasaibatake.storeinfo.jp/
スタイリング　小坂 桂	Instagram @chofuno_yasaibatake
イラスト　矢田勝美	
調理アシスタント　小山紗理　小林由佳　杉田麻璃江　織田真理子	撮影協力　UTUWA
斉藤礼奈　水口恵理　芳須思帆　河埜玲子	
米持祐子　玉田悦子　榊原理加	
取材　工藤玲子	
校閲　滄流社	
編集　相山洋子　山村奈央子	

野菜をまるごと食べつくす

著　者　伯母直美
編集人　足立昭子
発行人　殿塚郁夫
発行所　株式会社主婦と生活社
　　　　〒104-8357　東京都中央区京橋 3-5-7
　　　　tel：03-3563-5321（編集部）
　　　　tel：03-3563-5121（販売部）
　　　　tel：03-3563-5125（生産部）
　　　　https://www.shufu.co.jp
　　　　ryourinohon@mb.shufu.co.jp
製版所　東京カラーフォト・プロセス株式会社
印刷所　大日本印刷株式会社
製本所　共同製本株式会社
ISBN978-4-391-16334-6

落丁・乱丁の場合はお取り替えいたします。お買い求めの書店か、小社生産部までお申し出ください。
Ⓡ本書を無断で複写複製（電子化を含む）することは、著作権法上の例外を除き、禁じられています。本書をコピーされる場合は、事前に日本複製権センター（ＪＲＲＣ）の許諾を受けてください。
また、本書を代行業者等の第三者に依頼してスキャンやデジタル化をすることは、たとえ個人や家庭内の利用であっても一切認められておりません。
JRRC（https://jrrc.or.jp　Eメール：jrrc_info@jrrc.or.jp　tel：03-6809-1281）

©NAOMI UBA 2024 Printed in Japan

お送りいただいた個人情報は、今後の編集企画の参考としてのみ使用し、他の目的には使用いたしません。詳しくは当社のプライバシーポリシー（https://www.shufu.co.jp/privacy/）をご覧ください。

※本書は生活シリーズ『野菜を使いきる。』（小社刊）を再編集・書籍化したものです。